Kaud
Band

Impressum

Susanne Jordan
Chichewa für Malawi – Wort für Wort
erschienen im Reise Know-How Verlag Peter Rump GmbH
Osnabrücker Str. 79, D-33649 Bielefeld
info@reise-know-how.de

1. Auflage 2007

Bearbeitung & Layout Christine Schönfeld
Layout-Konzept Günter Pawlak, FaktorZwo! Bielefeld
Umschlag Peter Rump
Kartographie Iain Macneish
Fotos Susanne Jordan, Helmut Jordan,
Niklas Gebert, niklas_gebert@yahoo.de

Druck und Bindung Fuldaer Verlagsanstalt GmbH & Co. KG, Fulda

ISBN: 978-3-89416-380-8
Printed in Germany

Dieses Buch ist erhältlich in jeder Buchhandlung der BRD,
Österreichs, der Schweiz und der Beneluxländer. Bitte informie
Ihren Buchhändler über folgende Bezugsadressen:
BRD Prolit GmbH, Postfach 9, 35461 Fernwald (Annerod)
sowie alle Barsortimente
Schweiz AVA-buch 2000, Postfach 27, CH-8910 Affoltern
Österreich Mohr Morawa Buchvertrieb GmbH,
Sulzengasse 2, A-1230 Wien
Belgien & Niederlande Willems Adventure, Postbus 403, NL-3140 AK Maassluis
direkt Wer im Buchhandel kein Glück hat, bekommt unsere Bücher
zuzüglich Porto- und Verpackungskosten auch direkt beim
Verlag oder über unseren Internet-Shop:
http://www.reise-know-how.de
Zu diesem Buch ist ein **AusspracheTrainer** erhältlich, auf
Audio-CD in jeder Buchhandlung der BRD, Österreichs, der S
der Beneluxstaaten oder als **MP3-Download**
unter **www.handyglobal.de**
Der Verlag möchte die **Reihe Kauderwelsch** weiter ausbaue
sucht Autoren! Mehr Informationen finden Sie unter
**www.reise-know-how.de/buecher/special/
schreiblust-inhalt.html**

Kauderwelsch

Susanne Jordan

Chichewa für Malawi

Wort für Wort

Für Kolja,
Emma, Jakob und Helmut
Großer Dank an Rosemary, Alex und Tuma

Kauderwelsch-Sprechführer sind anders!

Warum? Weil sie Sie in die Lage versetzen, wirklich zu sprechen und die Leute zu verstehen.

Wie wird das gemacht? Abgesehen von dem, was jedes Sprachbuch bietet, nämlich Vokabeln, Beispielsätze etc., zeichnen sich die Bände der Kauderwelsch-Reihe durch folgende Besonderheiten aus:

Die **Grammatik** wird in einfacher Sprache so weit erklärt, dass es möglich wird, ohne viel Paukerei mit dem Sprechen zu beginnen, wenn auch nicht gerade druckreif.

Alle Beispielsätze werden doppelt ins Deutsche übertragen: zum einen **Wort-für-Wort**, zum anderen in „ordentliches" Hochdeutsch. So wird das fremde Sprachsystem sehr gut durchschaubar. Denn in einer fremden Sprache unterscheiden sich z. B. Satzbau und Ausdrucksweise recht stark vom Deutschen. Ohne diese Übersetzungsart ist es so gut wie unmöglich, schnell einzelne Wörter in einem Satz auszutauschen.

Die **Autorinnen** und **Autoren** der Reihe sind Globetrotter, die die Sprache im Land selbst gelernt haben. Sie wissen daher genau, wie und was die Leute auf der Straße sprechen. Deren Ausdrucksweise ist nämlich häufig viel einfacher und direkter als z. B. die Sprache der Literatur oder des Fernsehens.

Besonders wichtig sind im Reiseland **Körpersprache, Gesten, Zeichen** und **Verhaltensregeln**, ohne die auch Sprachkundige kaum mit Menschen in guten Kontakt kommen. In allen Bänden der Kauderwelsch-Reihe wird darum besonders auf diese Art der nonverbalen Kommunikation eingegangen.

Kauderwelsch-Sprechführer sind keine Lehrbücher, aber viel mehr als Sprachführer! Wenn Sie ein wenig Zeit investieren und einige Vokabeln lernen, werden Sie mit ihrer Hilfe in kürzester Zeit schon Informationen bekommen und Erfahrungen machen, die „taubstummen" Reisenden verborgen bleiben.

Inhalt

Konversation

Anhang

Vorwort

Englisch, Französisch oder Spanisch zu lernen, wenn man in ein entsprechendes Land reist, ist heute obligatorisch. Für weniger „angesehene“ Sprachen wie Indonesisch oder Chichewa ist dies leider noch nicht der Fall. Deshalb freue ich mich umso mehr, dass Sie sich entschieden haben, für Ihren Aufenthalt Chichewa / Chinyanja zu lernen. Chichewa ist nämlich nicht irgendein unwichtiger Stammesdialekt eines unterentwickelten Volkes im Busch von Afrika, sondern eine Landessprache wie Deutsch oder Französisch. Die Sprache des Gastlandes zu lernen zeugt nicht nur von Respekt gegenüber dessen Einwohnern, sondern ermöglicht auch einen sehr viel besseren Einstieg in die einheimische Kultur.

Als ich nach Malawi kam, konnte ich so gut wie kein Chichewa. Meine Sichtweise auf das Land und die Bewohner veränderte sich mit jedem Wort Chichewa, das ich dazu lernte. Nicht nur, dass die Leute einem offener begegnen, wenn sie merken, dass man sich bemüht, ihnen nach Möglichkeit entgegenzukommen. Die Gespräche werden auch wesentlich entspannter und herzlicher. Dies ist eigentlich nicht verwunderlich. Die meisten Malawier sprechen zwar sehr gut Englisch, Chichewa ist aber dennoch vertrauter, weil es entweder die Muttersprache ist, oder der

Muttersprache (Chinyanja, Chiyao, Chitumbuka, etc.) meist artverwandt und sehr ähnlich ist.
Zu meinem Erstaunen änderten sich mit der Sprache auch die Themen, über die man sprach. Durch meine zunehmende Kenntnis des Chichewa wurde mein Aufenthalt dort unglaublich bereichert. Ich würde sogar so weit gehen zu sagen, dass ich ohne Chichewa ein völlig anderes Malawi kennengelernt und dabei das Beste verpasst hätte.

Deswegen möchte ich jedem, der nach Malawi, Sambia oder in eine andere Gegend aufbricht, in der Chichewa / Chinyanja gesprochen wird, ans Herz legen, sich schon bei der Vorbereitung die Sprache Chichewa möglichst gut anzueignen. Es lohnt sich!

Hinweise zur Benutzung

Der Kauderwelsch-Band „Chichewa für Malawi" ist in drei wichtige Abschnitte gegliedert:

Grammatik

Die Grammatik beschränkt sich auf das Wesentliche und ist so einfach gehalten wie möglich. Deshalb sind auch nicht sämtliche Ausnahmen und Unregelmäßigkeiten der Sprache erklärt. Wer nach der Lektüre gerne noch tiefer in die Grammatik eindringen möchte, findet im Anhang einige Tipps zum Weiterlernen. Natürlich kann man die Grammatik auch überspringen und sofort mit dem Konversationsteil beginnen. Wenn dann Fragen auftauchen, kann man immer noch in der Grammatik nachsehen.

Konversation

In diesem Teil finden Sie Sätze aus dem Alltagsgespräch, die Ihnen einen ersten Eindruck davon vermitteln sollen, wie Chichewa „funktioniert" und die Sie auf das vorbereiten sollen, was Sie später in Malawi hören werden.

Wort-für-Wort-Übersetzung

Jede Sprache hat ein typisches Satzbaumuster. Um die sich vom Deutschen unterscheidende Wortfolge der Sätze auf Chichewa zu verstehen, ist die Wort-für-Wort-Übersetzung in *kursiver* Schrift gedacht. Jedem Chichewa-Wort entspricht ein Wort in der Wort-für-Wort-Übersetzung.

Wird ein Chichewa-Wort im Deutschen durch zwei Wörter übersetzt, werden diese in der Wort-für-Wort-Übersetzung mit einem Bindestrich verbunden.

Dikirani apa pakhomo.
warten-Sie-bitte da bei-Eingang
Warten Sie bitte hier am Eingang.

Werden in einem Satz mehrere Wörter angegeben, die man untereinander austauschen kann, steht ein Schrägstrich zwischen diesen.

Ndikufuna mango / ntochi.
ich-Geg.-wollen Mango[4] / Bananen[5]
Ich möchte bitte Mangos / Bananen.

Mit Hilfe der Wort-für-Wort-Übersetzung können Sie bald eigene Sätze bilden. Sie können die Beispielsätze als Fundus von Satzschablonen und -mustern benutzen, die Sie selbst Ihren Bedürfnissen anpassen. Mit einem kleinen bisschen Kreativität und Mut können Sie sich neue Sätze „zusammenbauen", auch wenn das Ergebnis nicht immer grammatikalisch perfekt ausfällt.

Wörterlisten

Die Wörterlisten am Ende des Buches helfen Ihnen dabei. Sie enthalten einen Grundwortschatz von je ca. 1000 Wörtern Deutsch-Chichewa und Chichewa-Deutsch, mit denen man schon eine ganze Menge anfangen kann.

Umschlagklappe

Die Umschlagklappe hilft, die wichtigsten Sätze und Formulierungen stets parat zu haben. Aufgeklappt ist der Umschlag eine wesentliche Erleichterung, da nun die gewünschte Satzkonstruktion mit dem entsprechenden Vokabular aus den einzelnen Kapiteln kombiniert werden kann.

Wenn alles nicht mehr weiterhilft, dann ist vielleicht das Kapitel „Nichts verstanden? – Weiterlernen!" der richtige Tipp. Es befindet sich ebenfalls im Umschlag, stets bereit, mit der richtigen Formulierung für z. B. „Ich habe leider nicht verstanden." oder „Wie bitte?" auszuhelfen.

Die Sprache Chichewa (Chinyanja)

Chichewa, das auch als Chinyanja bekannt ist, gehört, wie z. B. auch Kisuaheli, zur Gruppe der Bantusprachen, die im südöstlichen und zentralen Afrika verbreitet sind.

Chichewa wird hauptsächlich in Malawi und Sambia (dort als Chinyanja bezeichnet) gesprochen, aber auch in Teilen Mosambiks (vor allem in Tete und Niassa) und Simbabwe. In Malawi ist es National- und Unterrichtssprache. Die Zahl der Chichewa-Sprechenden beträgt etwa 18 Mio. Menschen.

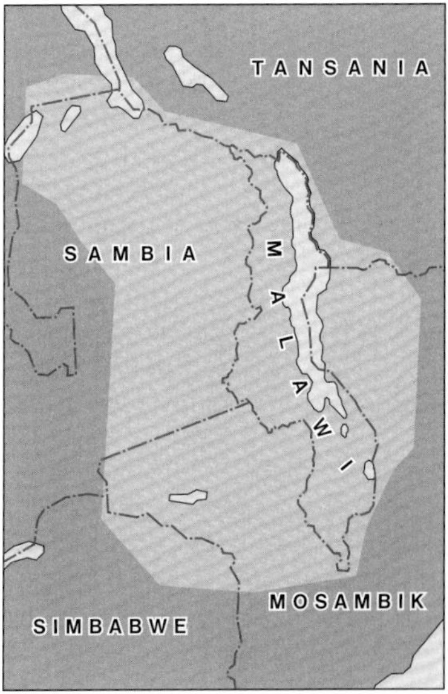

Der Name **Chichewa** setzt sich zusammen aus der Vorsilbe **Chi-** und dem eigentlichen Wortstamm **Chewa. Chi-** kann man mit der deutschen Nachsilbe „-isch", (=„in der Art von") vergleichen. **Chichewa** bedeutet daher „in der Art der Chewa" oder „die Sprache der Chewa".

Die Vorsilbe **Chi-** bezeichnet meist eine Sprache: **Chi-Tumbuka, Chi-Yao,** ...

Die Sprache Chichewa (Chinyanja)

Die Chewa sind ein Volk, das im 16. Jahrhundert aus dem Kongobecken nach Malawi, Sambia und Simbabwe kam. Ihr ursprünglicher Name dort war Maravi. Die Bezeichnung **Chewa** erhielten sie in ihrem neuen Siedlungsgebiet: **Chewa** ist auf das Wort **Sheva** zurückzuführen, das „Fremder" bedeutet. Seinen Grad als Nationalsprache Malawis verdankt Chichewa dem langjährigen Diktator des Landes **Kamuzu Banda** (1966 - 1993), der selbst ein Chewa war.

Die Struktur der Bantusprachen allgemein unterscheidet sich von der uns vertrauten Sprachstruktur vor allem darin, dass die Verben durch verschiedene Vor- und Nachsilben sehr viele Informationen enthalten, die im Deutschen durch mehrere Wörter ausgedrückt werden. Zum Beispiel wird das eine Wort **sindinakuonetsenibe** mit dem deutschen Satz „ich habe es Sie noch nicht sehen lassen" übersetzt. Nur das **-one-** (hier unterstrichen) trägt die Bedeutung „sehen". Alles andere sind Vor- und Nachsilben, die Verneinung, Zeit, Person, etc. kennzeichnen.

Aussprache

Im Chichewa wird wie im Englischen alles bis auf Namen und Satzanfänge klein geschrieben. Die Betonung liegt in der Regel auf der vorletzten Silbe.

su-ku-lu	Schule
msi-ka	Markt
ku-pi-ta	gehen
ku-cho-ke-ra	kommen

Die meisten Buchstaben werden im Chichewa ähnlich ausgesprochen wie im Deutschen. Insgesamt ist die Aussprache jedoch viel weicher (da freuen sich die Franken). Zudem wird in einigen Fällen zwischen unbehauchten und behauchten Mitlauten unterschieden. Im Deutschen behauchen wir unbewusst besonders **p, t** und **k,** zumeist aber auch **b, d** und **g.** Das heißt, wir sprechen eigentlich **ph, th, kh** usw. Man erkennt das, wenn man sich beim Sprechen eine Hand in kurzem Abstand vor den Mund hält. Bei einem behauchten deutschen **t** spürt man einen leichten Hauch. Dieser sollte bei unbehauchter Aussprache nicht auftreten. Die Selbstlaute **(a, e, i, o, u)** werden wie im Deutschen ausgesprochen. Q und X kommen in Chichewa nicht vor.

Einige Mitlaute weichen vom Deutschen ab. In der folgenden Tabelle werden sie vorgestellt.

Kauderwelsch-AusspracheTrainer
Falls Sie sich die wichtigsten Chichewa-Sätze, die in diesem Buch vorkommen, einmal von einem Einheimischen gesprochen anhören möchten, kann Ihnen Ihre Buchhandlung den ***AusspracheTrainer*** *zu diesem Buch besorgen. Sie bekommen ihn auch über unseren Internetshop* ***www.reise-know-how.de*** *Alle Sätze, die Sie auf dem* ***AusspracheTrainer*** *hören können, sind in diesem Buch mit einem* 👂 *gekennzeichnet. Mehr über den* ***Kauderwelsch-AusspracheTrainer*** *erfahren Sie auf Seite 187.*

Aussprache

	Aussprache	Beispiel
b	unbehauchtes „b"	**kubadwa** (geboren werden)
p	unbehauchtes „p", wie hartes „b"	**kupita** (gehen)
ph	behauchtes „p" wie in **P**uppe	**kuphika** (kochen)
g	unbehauchtes „g"	**kugula** (kaufen)
k	unbehauchtes „k", wie hartes „g"	**kukula** (groß werden)
kh	behauchtes „k" wie in **K**uchen	**kukhoza** (erfolgreich sein)
d	unbehauchtes „d"	**kudula** (schneiden)
t	unbehauchtes „t", wie hartes „d"	**mukutani** (was machen Sie?)
th	behauchtes „t"wie in **T**ante	**thupi** (Körper)
r	Mischung aus „r" und schnell gesprochenem „d", manchmal auch wie „l" (je nach Sprecher)	**buredi** (Brot)
ch	wie in **Tsch**üß, aber etwas weicher, weniger behaucht	**chiyani** (was?)
j	wie „dsch" in **Dsch**ungel	**kujeba** (schnitzen)
s	scharfes „s" wie in A**s**t	**sowa** (fehlen)
z	weiches „s" wie in **S**aft	**zolowera** (sich gewöhnen)
v	„w" wie in **W**under	**vuto** (Problem)
w	zwischen „u" und „w", wie im engl. **w**alkman	**bwino** (gut)
y	wie „j" in **J**ahr	**yang'ana** (betrachten)

Doppellaute

nd	wie in a**nd**ere	**ndili** (ich bin)
ng	wie in A**ng**elika	**Lilongwe** (Hauptstadt)
ng'	wie in la**ng**e	**ng'ombe** (Rind)
ts	scharfes „s" wie in Ma**ss**e	**mtsikana** (Mädchen)

Wörter, die weiterhelfen

Um zu fragen, ob etwas vorhanden ist, zum Beispiel ein Freund in seinem Haus, ein bestimmtes Gericht im Restaurant, ein Bus, ein Leihauto etc, verwendet man den Ausdruck

Pali ...? – Gibt es ...?

Pali ...?
dort-ist/sind ...
Gibt es ...?

Pali mpunga?
dort-ist Reis[2]
Gibt es Reis?

Pali basi yopita kuLilongwe?
dort-ist Bus[5] *gehen nach-Lilongwe*[5/10]
Gibt es einen Bus nach Lilongwe?

Pali malo ogona?
dort-ist Platz zu-schlafen
Gibt es ein Zimmer zum Übernachten?

Die Antwort ist dann entweder

Ee, ilipo. oder
ja es-ist-dort
Ja.

Ai, palibe.
nein dort-ist-nicht
Nein, das gibt es nicht.

... -li kuti? Wo ist ... ?

Stesheni ili kuti?
Bahnhof[5] *er-ist wo*
Wo ist der Bahnhof?

Peter ali kuti?
Peter er-ist wo
Wo ist Peter?

Wörter,. die weiterhelfen

Leider gibt es hier keine allgemeingültige grammatische Form, die immer richtig ist. Das Wort **-li** *(sein) muss, um korrekt zu sein, immer an das Hauptwort angepasst werden. Gerade am Anfang sollte man aber keine Scheu davor haben, eine falsche Form anzuwenden.*

Basi ili kuti?
Bus[5] er-ist wo
Wo ist der Bus?

Toilet ili kuti?
Toilette[4] sie-ist wo
Wo ist die Toilette?

Chipatala chili kuti?
Krankenhaus[3] es-ist wo
Wo ist das Krankenhaus?

Die Form **ili kuti** hat eine hohe Wahrscheinlichkeit, richtig zu sein. Und auch wenn sie die falsche war, wird man damit verstanden werden. Nur wenn man nach Menschen fragt, sollte man lieber immer das korrekte **ali kuti** (wo ist er/sie? bzw. wo sind sie?) verwenden.

Ndikufuna ... Ich brauche / möchte / suche ...

Ndikufuna chakudya.
ich-Geg.-wollen Essen[3]
Ich möchte bitte etwas zu essen.

Ndikufuna stesheni / banki.
ich-Geg.-wollen Bahnhof[5] / Bank[5]
Ich suche den Bahnhof / eine Bank.

Ndikufuna mango / ntochi.
ich-Geg.-wollen Mango[4] / Bananen[5]
Ich möchte bitte Mangos / Bananen.

Für alles was man braucht, möchte oder sucht, verwendet man im Chichewa den Ausdruck **kufuna.**

... chiyani ? Was?

Mufuna chiyani?
Sie-wollen was
Was wollen Sie? / Was suchen Sie?

Muli ndi chakudya chiyani?
Sie-sind mit Essen[3] welches
Was haben Sie zu essen?

Ndi chiyani?
ist was
Was ist das?

Nützliche Sätze

Ndi ndalama zingati?
ist Geld[5] wieviel
Wieviel kostet das?

Kaya.	Ich weiß nicht.
Bola.	Das ist gut / besser.
Chosavuta.	Kein Problem.
Zikomo.	Danke.

Hauptwörter

Hauptwörter sind im Chichewa in 6 Klassen eingeteilt. Obwohl es im Chichewa keine Artikel oder grammatischen Geschlechter gibt, lässt sich das mit der Einteilung im Deutschen (der, die das) vergleichen.

Im Deutschen wirkt sich diese Unterscheidung nur auf die mit dem Hauptwort verbundenen Eigenschaftswörter und Fürwörter aus („ein grün<u>er</u> Baum"; aber „eine grün<u>e</u> Pflanze"). Im Chichewa dagegen beeinflusst sie alle Satzteile, die sich auf das Hauptwort beziehen, also auch das Tätigkeitswort. Diese Satzteile bekommen dann eine entsprechende Vorsilbe.

Im Chichewa werden keine Bindestriche verwendet. Die Bindestriche in diesem Buch sollen nur der Verdeutlichung der grammatischen Struktur dienen.

Chichewa zeichnet sich durch sehr viele Vorsilben aus. Da eine Silbe je nach Zusammenhang sehr unterschiedliche Bedeutungen haben kann, wirkt dies am Anfang etwas verwirrend. Davon sollte man sich aber nicht einschüchtern lassen, da bei genauerem Hinsehen alles sehr logisch und strukturiert aufgebaut ist.

Artikel

Im Chichewa gibt es weder bestimmte noch unbestimmte Artikel. Es heißt also nicht „ich suche den Busbahnhof" oder „ich suche einen Busbahnhof", sondern immer nur „ich suche Busbahnhof".

Im Chichewa wird auch nicht nach „er" und „sie" unterschieden. In der Übersetzung ist der Übersicht halber immer nur eine Möglichkeit angegeben, obwohl immer beides möglich ist.

Hauptwortklassen

Die sechs Klassen des Chichewa unterscheiden sich zum einen durch verschiedene Vorsilben, zum anderen sind einige Klassen aber auch inhaltlich logisch gruppiert. So gibt es die Klasse der Lebewesen, die Klasse der kleinen Dinge, etc. Allerdings ist diese Gruppierung nicht immer konsequent.

In den Wörterlisten werden die Hauptwörter mit der in den folgenden Unterkapiteln angegebenen Klassenziffer (1-10) gekennzeichnet. In der Wort-für-Wort-Übersetzung wird diese Ziffer hochgestellt an das betreffende Hauptwort angeschlossen.

Keine Kennzeichnung der Hauptwortklasse haben Eigennamen und geographische Bezeichnungen, sowie Begriffe, die zwar im Deutschen als Hauptwort übersetzt werden, im Chichewa aber tatsächlich Bestandteil eines Verbs sind.

mu- / a- Klasse: Menschen [1]

Hauptwörter dieser Klasse sind in der Wort-für-Wort-Übersetzung mit der Klassenziffer [1] gekennzeichnet.

Viele Hauptwörter dieser Klasse haben in der Einzahl (Ez) die Vorsilben **m**-, **mu**-, oder **mw**-, Allerdings gibt es auch eine Reihe von Wörtern in dieser Klasse, die ohne besondere Vorsilbe beginnen. In der Mehrzahl (Mz) weisen alle die Vorsilbe **a**- auf. Dieser Klasse gehören in der Regel die Bezeichnungen für Menschen, aber auch für einige Tiere an.

	Einzahl	Mehrzahl
Frau	**mkazi**	**akazi**
Gast / Tourist	**mlendo**	**alendo**
Vater / Herr	**bambo**	**abambo**
Hund	**galu**	**agalu**

mu- / mi- Klasse: unbelebte Gegenstände [2]

Hauptwörter dieser Klasse sind in der Wort-für-Wort-Übersetzung mit der Klassenziffer [2] gekennzeichnet.

Alle Wörter dieser Klasse haben in der Einzahl die Vorsilbe **m-/ mu-/ mw-**, in der Mehrzahl **mi-**. Im Gegensatz zur ersten Klasse handelt es sich aber ausschließlich um nicht lebende Gegenstände.

	Einzahl	Mehrzahl
Straße	**msewu**	**misewu**
Stein	**mwala**	**miyala**
Messer	**mpeni**	**mipeni**
Dorf	**mudzi**	**midzi**

ch- / z- Klasse: abstrakte Begriffe [3]

Alle Wörter dieser Klasse haben in der Einzahl die Vorsilbe **ch-** und in der Mehrzahl entsprechend **z-**.

Hauptwörter dieser Klasse sind in der Wort-für-Wort-Übersetzung mit der Klassenziffer [3] gekennzeichnet.

	Einzahl	Mehrzahl
Ding	**chinthu**	**zinthu**
Jahr	**chaka**	**zaka**
Traurigkeit	**chisoni**	-
Sprache	**chilankhulo**	**zilankhulo**

li- / ma- Klasse: Fremdwörter [4]

In der Einzahl beginnen viele Wörter dieser Klasse mit **b, d, k, l, p** oder **t.** Die Vorsilbe der Mehrzahl ist immer **ma-.** In der Mehrzahl wird der erste Laut des Stammes weicher.

Hauptwörter dieser Klasse sind in der Wort-für-Wort-Übersetzung mit der Klassenziffer [4] gekennzeichnet.

	Einzahl	Mehrzahl
Buch	**buku**	**mabuku**
Ei	**dzira**	**mazira**
Tag	**tsiku**	**masiku**
Berg	**phiri**	**mapiri**

In dieser Klasse finden sich die meisten Fremdwörter.

i- / zi- Klasse [5]

Die Wörter dieser Klasse sind in Einzahl und Mehrzahl identisch. Sie beginnen vorwiegend mit **n-.** Die Klasse umfasst aber auch einige Fremdwörter, die nicht mit **n-** beginnen.

Hauptwörter dieser Klasse sind mit der Klassenziffer [5] gekennzeichnet.

	Einzahl	Mehrzahl
Haus	**nyumba**	**nyumba**
Tier- / Rindfleisch	**nyama**	**nyama**
Geschäft, Laden	**sitoro**	**sitoro**
Hunger	**njala**	-

u- / a- Klasse [6]

Hauptwörter dieser Klasse sind in der Wort-für-Wort-Übersetzung mit der Klassenziffer [6] gekennzeichnet.

Alle Wörter dieser Klasse beginnen in der Einzahl mit **u-** und in der Mehrzahl tragen sie die Vorsilbe **ma-**. In dieser Klasse finden sich viele abstrakte Begriffe, die nur in der Einzahl verwendet werden. Beispiele:

	Einzahl	Mehrzahl
Maismehl	**ufa**	-
Freiheit	**ufulu**	-
Armut	**umphawi**	-
Nacht	**usiku**	**mausiku**

Tätigkeitswort-Hauptwortklasse [7]

Hauptwörter dieser Klasse sind in der Wort-für-Wort-Übersetzung mit der Klassenziffer [7] gekennzeichnet.

Diese Klasse umfasst die Hauptwörter, die aus der Grundform eines Tätigkeitswortes gebildet wurden, wie „das Sprechen", „das Singen", usw. Diese Wörter sind durch die Vorsilbe **ku-** gekennzeichnet und damit identisch mit der Grundform des Tätigkeitswortes. Eine Mehrzahl gibt es in diesem Fall nicht.

(das) Singen	**kuyimba**
(das) Sprechen	**kulankhula**
(das) Beten	**kupemphera**

Weitere Klassen

Die bisher behandelte Klasseneinteilung umfasst alle Hauptwörter des Chichewa. In bestimmten Zusammenhängen gibt es aber noch weitere Klassen, die die Bedeutung der Hauptwörter erweitern. So gibt es eine Klasse zur Verkleinerung und eine Klasse zur Vergrößerung. Diese Klassen sind zusätzlich, das heißt das entsprechende Hauptwort muss doppelt gebeugt werden. Allerdings beziehen sich alle verbundenen Satzteile nur auf die Erweiterungsklasse (s.u.).

Diese beiden Zusatzklassen werden seltener gebraucht. Deswegen werden sie in den späteren Kapiteln teilweise vernachlässigt.

Um ein Hauptwort zu verkleinern, z. B. „das kleine Mädchen“, stellt man in der Einzahl ein **ka-,** in der Mehrzahl ein **ti-** voran.

	Einzahl	Mehrzahl
das kleine Mädchen	**ka-mtsikana**	**ti-atsikana**
der kleine Elefant	**ka-njovu**	**ti-njovu**
das kleine Haus	**ka-nyumba**	**ti-nyumba**
das kleine Buch	**ka-buku**	**ti-mabuku**

Achtung: In der Mehrzahl ändert sich sowohl die Verkleinerungs-vorsilbe als auch die Vorsilbe des Wortstammes, entsprechend der Hauptwortklasse!

In der Wort-für-Wort-Übersetzung werden diese Wörter mit zwei Klassenziffern gekennzeichnet; die erste für die eigentliche Klasse des Hauptwortes und die zweite für die Verkleinerungsklasse [8], zum Beispiel:

kamwana	**tiana**
kleines-Kind[1/8]	*kleine-Kinder*[1/8]

Um ein Hauptwort zu vergrößern, stellt man in der Einzahl ein **chi-**, in der Mehrzahl ein **zi-** voran.

	Einzahl	Mehrzahl
das große Auto	**chi-galimoto**	**zi-magalimoto**
der große Elefant	**chi-njovu**	**zi-njovu**
der große Stein	**chi-mwala**	**zi-miyala**
das große Problem	**chi-vuto**	**zi-mavuto**

In der Mehrzahl ändert sich, entsprechend der Klasse, sowohl die Vergrößerungsvorsilbe als auch die Vorsilbe des Wortstammes.

In der Wort-für-Wort-Übersetzung werden diese Wörter mit zwei Klassenziffern gekennzeichnet; die erste für die eigentliche Klasse des Hauptwortes und die zweite für die Vergrößerungsklasse [9], zum Beispiel: **chinyumba** *großes-Haus*[5/9].

Achtung: Die Nummerierung der Klassen ist leider nicht einheitlich, sondern unterscheidet sich von Lehrbuch zu Lehrbuch zu Wörterbuch.

Ortsvorsilben: ku-, pa-, mu

Bei Ortsangaben werden dem Hauptwort entsprechende Vorsilben vorangestellt: **ku-, pa-** oder **mu,** die auch die Bezugswörter im Satz verändern.

Die Vorsilben **ku-** und **pa-** sind zu übersetzen mit: in, an, auf, zu/nach (Richtung). **ku-** bestimmt einen etwas weiteren Ort, während **pa-** einen Punkt oder eine Stelle bezeichnet. Die Vorsilbe **mu-** bedeutet „in".

In der Wort-für-Wort-Übersetzung werden diese Ausdrücke mit zwei Klassenziffern gekennzeichnet: die erste für die eigentliche Klasse des Hauptwortes und die zweite für die Ortsklasse [10], zum Beispiel: **munyumba** *im-Haus*[5/10]. Siehe auch Kapitel: „Ortsbestimmungen".

ku-Malawi	in Malawi; nach Malawi
ku-ofesi	im Büro; ins Büro
pa-tebulo	auf dem Tisch
pa-twelve koroko	um 12:00 Uhr
pa-fupi	in der Nähe
mu-nyumba	im Haus; ins Haus
mu-basi	im Bus; in den Bus

Der besitzanzeigende Fall

Den besitzanzeigenden Fall (Genitiv) kann man quasi Wort für Wort aus dem Deutschen übersetzen. Dem Hauptwort, welches besessen wird, folgt eine besitzanzeigende Vorsilbe (wie im Deutschen das „des") und schließlich der Besitzer.

Im Folgenden wird in der Wort-für-Wort-Übersetzung die besitzanzeigende **a**-*Vorsilbe mit „von" angegeben.*

mwana wa-chemwali
Kind[1] von-Schwester[1]
das Kind der Schwester

Die Form der besitzanzeigenden Vorsilbe ist abhängig von Zahl und Klasse des **Besitzes** (anders als im Deutschen, wo das Verbindungswort (des, der) vom Geschlecht des **Besitzers** abhängt). Die besitzanzeigenden Vorsilben sind:

Klasse	Einzahl	Mehrzahl
1	**wa-**	**a-**
2	**wa-**	**ya**
3	**cha-**	**za-**
4	**la-**	**a-**
5	**ya-**	**za-**
6	**wa-**	**a-**

nyumba ya-anzanga
Haus[5] von-meinen-Freunden[1]
das Haus meiner Freunde

nkhani za-maboma
Nachrichten[5] von-Bezirken[4]
Nachrichten aus den Bezirken

Lokalnachrichten; sollte man nicht verpassen, da sie meist sehr amüsant sind.

makhalidwe a-msewu
Zustand[4] von-Straße[2]
der Zustand der Straße

buku la-mulungu
Buch[4] von-Gott[1]
die Bibel

Auch aus Ortsvorsilben lassen sich besitzanzeigende Vorsilben bilden:

ku-	**kwa-**
mu-	**mwa-**
pa-	**pa-**

<u>ku</u>nyumba <u>kwa</u>-thu
im-Haus[5/10] von-uns
bei uns zuhause

<u>Mu</u>dengu <u>mwa</u>-mkazi muli ntochi.
im-Korb[4/10] von-Frau[1/10] darin-sind Bananen[5]
Im Korb der Frau sind Bananen.

Besitzanzeigende Fürwörter

Das besitzanzeigende Fürwort ist, anders als im Deutschen, nachgestellt.

galimoto la-nga
Auto[4] mein
mein Auto

magalimoto a-ke
Autos[4] seine
seine Autos

Da das besitzanzeigende Fürwort ein Besitzverhältnis anzeigt, wird es zusammengesetzt aus der besitzanzeigende Vorsilbe und einer Nachsilbe, die abhängig vom Besitzer ist:

In der Wort-für-Wort-Übersetzung wird der gesamte Begriff als „mein“, „dein“, ... wiedergegeben.

-nga	mein	**-thu**	unser
-ko	dein	**-nu**	euer/ Ihr
-ke	sein, ihr	**-wo**	ihr

ana a-nga
Kinder[1] meine
meine Kinder

maganizo a-ko
Gedanken[4] deine
deine Gedanken

ndalama ya-ke
Geld[5] sein
sein Geld

chipatso cha-thu
Frucht[3] unsere
unsere Frucht

nyumba ya-nu
Haus[5] Ihr / euer
Ihr / euer Haus

ng’ombe za-wo
Kühe[5] ihre
ihre Kühe

Eine Besonderheit ergibt sich in Verbindung mit der ortsbestimmenden Vorsilbe **ku-** und den besitzanzeigenden Fürwörtern der Mehrzahl: **kunyumba kwathu** (bei uns zu Hause/zu uns nach Hause) wird reduziert auf **kwathu.**

Genauso werden **kwanu** (bei / zu euch ...) und **kwao** (bei / zu ihnen ...) verwendet.

Ubwere kwathu, kuti ticheze.
du-kommen-Auff. zu-uns-nach-Hause[5/10] damit wir-unterhalten-Auff.
Komm mal zu uns nach Hause, dann können wir uns unterhalten.

Kwao kuli njala.
bei-ihnen-zu-Hause[5] dort-ist Hunger[5]
Diese Familie hat nichts zu essen.

Genauso wird im Chichewa auch das Wort für „Freund" je nach Blickwinkel gebeugt. Der Stamm ist **mza-**, in der Mehrzahl **anza-**, an den die entsprechende Besitznachsilbe angehängt wird:

mza-nga	mein Freund
mza-ko	dein Freund
mza-ke	sein Freund
mza-thu	unser Freund
mza-nu	Ihr/ euer Freund
mza-wo	ihr Freund

Das Wort **mza- / anza** *„Freund" gehört in die Klasse [1].*

anza-nga	meine Freunde
anza-ko	deine Freunde
anza-ke	seine Freunde
anza-thu	unsere Freunde
anza-nu	Ihre/ eure Freunde
anza-wo	ihre Freunde

Dieses & jenes, hier & dort

Die Klassen und die entsprechenden Silben und Fürwörter sind manchmal schwer zu merken. Man wird aber auch verstanden, wenn man mal etwas durcheinander bringt. Ich habe anfangs für jeden Gegenstand, auf den ich gezeigt habe, **iyi** *verwendet, egal zu welcher Klasse er gehörte. Dafür wurde ich zwar manchmal ausgelacht, aber es hat immer geklappt.*

Auch die hinweisenden Fürwörter (Demonstrativpronomen) „diese(r,s)" und „jene(r,s)" stehen nach dem Hauptwort, auf das sie sich beziehen und richten sich nach dessen Klasse und Zahl.

	diese(r,s)		jene(r,s)	
Klasse	**EZ**	**MZ**	**EZ**	**MZ**
1	**uyu**	**awa**	**uyo**	**awo**
2	**uwu**	**iyi**	**uwo**	**iyo**
3	**ili**	**awa**	**ilo**	**awo**
4	**ichi**	**izi**	**icho**	**izo**
5	**iyi**	**izi**	**iyo**	**izo**
6	**uwu**	**awa**	**uwo**	**awo**

mkazi uyu
Frau[1] diese
diese Frau

akazi awo
Frauen[1] jene
jene Frauen

nyumba izi
Häuser[5] diese
diese Häuser

Nyumba izi ndi zatsopano, izo ndi zakare.
Häuser[5] diese sind von-jetzt jene sind von-früher
Diese Häuser hier sind neu, jene dort sind alt.

Zusatzklassen

	diese(r,s)		jene(r,s)	
Klasse	**EZ**	**MZ**	**EZ**	**MZ**
ka	**aka**	**iti**	**ako**	**ito**
chi	**ichi**	**izi**	**icho**	**izo**

Ortsklassen

Auch Ortsangaben können mit Fürwörtern ausgedrückt werden. Dazu werden aus den Ortskennsilben entsprechende hinweisende Fürwörter gebildet.

		„hier"
ku	→	**uku** da drüben
pa	→	**apa** genau da drüben
mu	→	**umu** da drinnen

		„dort"
ku	→	**uko** dort drüben
pa	→	**apo** genau dort drüben
mu	→	**umo** da hinten drin

Beispiele:

Dikirani apa pakhomo.
warten-Sie-bitte da bei-Eingang[5]
Warten Sie bitte hier am Eingang.

Pepani, ndachedwa. Ndinali uko, kuofesi.
Entschuldigung ich-soeben-spät-sein
ich-Verg.-sein dort-drüben im-Büro[4/10]
Entschuldigung dass ich zu spät bin,
ich war dort drüben im Büro.

Mango ali umu, ntochi zili umo.
Mangos[4] sie-sind hier-drin Bananen[5] sie-sind dort-drin
Die Mangos sind hier drin, die Bananen sind da hinten drin.

Zudem gibt es noch zwei weitere hinweisende Fürwörter:

-no	dieser hier *(genau an diesem Ort)*
-ja	dieser *(von dem wir schon gesprochen haben)*

Beide werden wie oben beschrieben gebeugt. Aus **-no** ergibt sich in Verbindung mit den Ortsvorsilben das Wort „hier“: **pano, kuno, muno.**

Persönliche Fürwörter

Persönliche Fürwörter werden in der Regel den Tätigkeitswörtern als Vorsilbe vorangestellt, um die handelnde Person zu bestimmen (ich, du, er, sie,...). (Vgl. Kapitel Tätigkeitswörter; Kennsilben)

	Vorsilbe	Eigenständiges Wort
ich	**ndi-**	**ine**
du	**u-**	**iwe**
er / sie	**a-**	**iye**
wir	**ti-**	**ife**
ihr/ Sie	**mu-**	**inu**
sie (Mz)	**a-**	**awo**

Achtung: Die Vorsilbe **mu-** steht entweder für „ihr“ oder für die höfliche Anrede „Sie“. **u-** verwendet man nur für sehr nahe stehende Personen, Kinder oder Untergebene.

Als Gast sollte man immer „Sie“ sagen! Im Chichewa ist das nicht so distanziert wie das „Sie“ im Deutschen, auch gute Freunde siezen sich untereinander durchaus mal. (Tendenziell sagt man zwar entweder „du“ oder „Sie“, es kann aber auch mal gemischt werden.)

ndi-kudya	ich esse
u-kudya	du isst
a-kudya	er/sie isst
ti-kudya	wir essen
mu-kudya	ihr esst/ Sie essen
a-kudya	sie essen

Daneben gibt es auch eigenständige persönliche Fürwörter. Diese werden aber seltener verwendet, nämlich dann, wenn man etwas besonders betonen will oder in unvollständigen Sätzen ohne Tätigkeitswort.

Ine, sindizikhulupilira.
ich nicht-ich-es-glauben
Ich glaube das nicht (das „ich“ ist betont!).

Iwe, tabwera!
du mal-kurz-komm
Du, komm mal her!

Ine?
ich?
Ich?

Tätigkeitswörter (Verben)

Die Grundform eines Verbs setzt sich aus der Vorsilbe **ku-** und dem eigentlichen Wortstamm zusammen. Der Stamm endet immer auf **-a.** Bei der Beugung, also der Verwendung des Wortes in verschiedenen Zeiten und für verschiedene Personen, bleibt der Stamm in der Regel unverändert. (Das ist vergleichbar mit den deutschen Verben, die sich aus dem Wortstamm und der Endsilbe **-en** zusammensetzen, z. B. trink-en, tanz-en, usw.)

Grundform

ku-dya	essen
ku-pita	gehen
ku-mva	verstehen
ku-nena	sagen

Diese Grundform bildet gleichzeitig die 7. Hauptwortklasse. **kumva** bedeutet also zum einen „verstehen", zum anderen „das Verstehen".

Beugung der Verben

Eine Verbform besteht in der Regel aus mindestens drei Teilen:

Kennsilbe + Zeitsilbe + Stamm

Die Kennsilbe kennzeichnet die Person oder den Gegenstand, der handelt (ich, du, er, sie, es, wir, ...), die Zeitsilbe zeigt an, in welcher Zeit etwas passiert (Vergangenheit, Gegenwart, Zukunft) und der Stamm trägt die Bedeutung des Wortes.

Kennsilben	
ndi-	ich
u-	du
a-	er/sie
ti-	wir
mu-	ihr/ Sie
a-	sie

Ndi-naona.
ich-Verg.-sehen
Ich habe gesehen.

U-nadya.
du-Verg.-essen
Du hast gegessen.

Mzanga a-namva.
mein-Freund[1]/meine-Freundin[1] er/sie-Verg.-verstehen
Mein Freund/meine Freundin hat verstanden.

Ti-fanana ndi mulungu.
wir-ähneln mit Gott[1]
Wir sind Gott ähnlich. (Wir sind nach Gottes Abbild geschaffen.)
(Zeile aus einem sehr bekannten Reggae-Lied)

Mu-nagula ntochi.
ihr/Sie-Verg.-kaufen Bananen[5]
Ihr habt/ Sie haben Bananen gekauft.

Anthu a-naseka.
Menschen[1] sie-Verg.-lachen
Die Leute haben gelacht.

Hauptwörter, die in eine der anderen Hauptwortklasse fallen, bringen eine entsprechende eigene Kennsilbe mit sich:

Klasse	Einzahl	Mehrzahl
1	a-	a-
2	u-	i-
3	chi-	zi-
4	li-	a-
5	i-	zi-
6	u-	a-

Basi li-nachedwa.
Bus[5] er-Verg.-spät-sein
Der Bus kam verspätet.

Mvula i-nayamba.
Regen[5] er-Verg.-beginnen
Es hat angefangen zu regnen.

Für die weiteren Klassen wird die Vorsilbe der Klasse verwendet: **ku-, ka-/ti-, chi-/zi-,** für die Ortsklassen: **ku-, pa- oder mu-.**

KuMalawi ku-malankhula Chichewa.
in-Malawi[5/10] dort-gewöhnlich-sprechen Chichewa[3]
In Malawi spricht man Chichewa.

Pa-tebulo pa-li chakudya.
auf-Tisch[5/10] dort-ist Essen[3]
Auf dem Tisch gibt es Essen.

Mu-nyumba mu-kugona ana.
im-Haus[5/10] dort-Geg.-schlafen Kinder[1]
Im Haus schlafen die Kinder.

Zeiten

Es gibt im Chichewa viele Zeiten. Die wichtigsten drei werden durch die folgenden Zeitsilben ausgedrückt:

-ku-	für die im Moment andauernde Gegenwart
-na-	für die Vergangenheit
-ka-	für die Zukunft

Mphunzitsi a-ku-pita kumsika.
Lehrer[1] er-Geg.-gehen zum-Markt[5/10]
Der Lehrer geht zum Markt.

Mlongo wanga a-na-gula malaya.
Schwester[1] meine sie-Verg.-kaufen T-Shirt[4]
Meine Schwester hat ein T-Shirt gekauft.

Ti-ka-dya limodzi.
wir-Zuk.-essen zusammen
Wir werden zusammen essen.

In der Wort-für-Wort-Übersetzung sind die Verben in ihrer Grundform angegeben. In Sätzen ohne Zeitsilbe ist zur leichteren Übersicht die gebeugte Form angegeben!

Es gibt noch weitere Zeitsilben, die hier aber nicht weiter besprochen werden sollen. Erwähnt werden sollen lediglich noch zwei Formen:

vollendete Gegenwart

Diese Zeitsilbe wird in der Wort-für-Wort-Übersetzung mit „soeben" gekennzeichnet.

Eine andere Vergangenheit drückt aus, dass etwas gerade geschehen ist. Diese Form findet sich in vielen Floskeln wieder. Dazu wird die Zeitsilbe **-a-** verwendet, die mit der Kennsilbe verschmilzt. Daraus ergibt sich:

nda-mva,	ich habe verstanden
wa-mva (aus **u-a-mva**)	du hast verstanden
wa-mva	usw.
tamva	
mwamva	
amva	

Gewohnheit

Diese Zeitsilbe wird in der Wort-für-Wort-Übersetzung mit „gewöhnlich" gekennzeichnet.

Eine weitere Gegenwartsform drückt eine Gewohnheit aus. Als Zeitsilbe wird die Silbe **-ma-** verwendet:

ndi-ma-pita	ich gehe (immer/normalerweise)
umapita	usw.
amapita	

Umgangssprachlich wird häufig die Vorsilbe der Gegenwart (**ku-** bzw. **ma-**) weggelassen.

Verneinung

Verneint werden die Tätigkeitswörter durch die Vorsilbe **si-**. Beginnt das gebeugte Wort mit einem Anlaut (**u-**, **a-**, **i-**), so fällt das **-i-** weg:

Si-ndi-ku-dziwa.
nicht-ich-Geg.-wissen
Ich weiß nicht.

S-u-ku-mva.
nicht-du-Geg.-verstehen
Du verstehst nicht.

In der verneinten Vergangenheit ist zu beachten, dass das Schluss **-a** des Wortstammes zum **-e** wird, vergleiche:

S-a-na-fik-e.
nicht-er-Verg.-ankommen
Er ist nicht gekommen.

S-a-ka-lankhula.
nicht-sie-Zuk.-sprechen
Sie wird nicht sprechen.

Nützliche Ergänzungen

Zwei nützliche Sonderformen seien an dieser Stelle erwähnt. Um auszudrücken, dass sich etwas vor bzw. nach einer anderen Aktion ereignet hat, verwendet man die Silben

-ta-	nachdem
-sana-	bevor

Ndi-ta-dya ndi-ka-gona.
ich-nachdem-essen ich-Zuk.-schlafen
Nachdem ich gegessen habe,
werde ich schlafen gehen.

A-sana-pite kumunda a-na-dya.
er-bevor-gehen auf-Feld[2/10] er-Verg.-essen
Bevor er aufs Feld gegangen ist,
hat er gegessen.

Vorsicht! Bei Verwendung der Vorsilbe **-sana-** verwandelt sich das **-a** am Ende des Verbstammes in ein **-e** (siehe „verneinte Vergangenheit").

Nachsilben

Gegebenenfalls werden den Tätigkeitswörtern Nachsilben angehängt. Die zwei einfachsten werden hier kurz erläutert.

Um zu betonen, dass etwas immer noch bzw. immer noch nicht andauert, verwendet man die Silbe **-be**:

Ndikudya-be.
ich-Geg.-essen-noch
Ich esse noch.

Sanafika-be.
nicht-er-Verg.-ankommen-noch
Er ist noch nicht angekommen.

Um hervorzuheben, dass etwas bereits geschehen ist, wird die Nachsilbe **-kare** angehängt:

Wadyakare?
du-soeben-essen-schon
Hast du schon gegessen?

Die wichtigsten Zeitformen im Überblick (am Beispiel „gehen“):

	Gegenwart	
	bejaht	verneint
ich	ndikupita	sindikupita
du	ukupita	sukupita
er/sie	akupita	sakupita
wir	tikupita	sitikupita
ihr/Sie	mukupita	simukupita
sie (Mz)	akupita	sakupita

	Vergangenheit	
	bejaht	verneint
ich	ndinapita	sindinapite
du	unapita	sunapite
er/sie	anapita	sanapite
wir	tinapita	sitinapite
ihr/Sie	munapita	simunapite
sie (Mz)	anapita	sanapite

	Zukunft		Befehl
	bejaht	verneint	
ich	ndikapita	sindikapita	
du	ukapita	sukapita	
er/sie	akapita	sakapita	pita!
wir	tikapita	sitikapita	
ihr/Sie	mukapita	simukapita	pitani!
sie (Mz)	akapita	sakapita	

Liste wichtiger Verben

-bwera	kommen
-bwerera	zurückkommen
-bwereza	wiederholen
-bweza	zurückgeben
-cheza	sich vergnügen, unterhalten
-chita	machen, tun
-chitika	stattfinden, passieren
-choka	weggehen
-chokera	kommen von
-chotsa	entfernen
-da	hassen; schwarz, dunkel sein
-dalira	abhängig sein (von)
-dandaula	sich Sorgen machen, sich beschweren
-dikira	warten
-dula	schneiden
-dya	essen
-dyetsa	füttern
-dziwa	wissen (können)
-dzuka	aufwachen, aufstehen
-fa	sterben
-fanana	ähneln
-fika	ankommen
-fotokoza	erklären

-funa	suchen, wollen
-funsa	fragen
-gaila	abgeben, teilen
-ganiza	denken
-gona	schlafen
-gula	kaufen
-gulitisa	verkaufen
-gwa mvula	regnen
-gwira ntchito	arbeiten
-gwiritsa ntchito	benutzen
-ima	anhalten
-imba	singen
-imba	anrufen
-iwala	vergessen
-khala	sein, leben
-khoza	können
-khulupilira	glauben
-khuta	satt werden
-komana	treffen
-konda	lieben, mögen
-konza	reparieren
-kumbukira	erinnern
-landira	bekommen, empfangen
-lankhula	sprechen
-lemba	schreiben
-li ndi	haben
-lima	anbauen
-lola	erlauben
-lowa	eintreten, betreten

-malira	sterben
-maliza	beenden
-menya	schlagen
-mva	verstehen, hören, fühlen
-mwa	trinken
-nena	sagen
-ona	sehen
-onetsa	zeigen
-panga	machen
-patsa	geben
-peza	finden
-phunzira	lernen
-phunzitsa	unterrichten
-pita	gehen
-puma	ausruhen
-pweteka	weh tun, schmerzen
-samba	duschen, sich waschen
-sambira	schwimmen
-sangalatsa	lustig sein
-sankha	auswählen
-seka	lachen
-senza	auf dem Kopf tragen
-sesa	fegen
-sewera	spielen
-sintha	ändern, wechseln
-sowa	etw. vermissen, fehlen
-sunga	halten

-taya	wegwerfen
-tenga	nehmen
-tentha	erhitzen, heiß sein
-tha	können; beenden
-thamanga	rennnen
-thamangitsa	vertreiben
-thandiza	helfen
-thawa	weglaufen, fliehen
-thira	gießen
-thokoza	danken
-tsala	übrig bleiben
-tsegula	öffnen
-tseka	schließen
-tsitsa	verringern
-tsogola	vorausgehen
-tumiza	schicken
-uza	erzählen, sagen
-vala	anziehen
-vomera	zustimmen
-wala	scheinen (Sonne)
-wawa	weh tun, schmerzen
-werenga	lesen, lernen
-yamba	beginnen
-yang'ana	ansehen
-yankha	antworten
-yenda pansi	zu Fuß gehen
-yenera	müssen
-yusa	benutzen

Können, Wollen, Müssen

Auch diese Hilfsverben können zum Teil durch Vorsilben ausgedrückt werden. Es gibt aber auch eigenständige Wörter dafür, die einfach mit der Grundform des Hauptverbs verbunden werden.

Eigenständige Hilfsverben

ku-funa	wollen
ku-konda	mögen, lieben
ku-tha	können
ku-yenera	müssen
ku-lola	erlauben, einwilligen
ku-letsa	verbieten
ku-kana	sich weigern

Ndinafuna kupita mutauni.
ich-Verg.-wollen gehen in-Stadt[4/10]
Ich wollte in die Stadt gehen.

Ndimakonda kulankhula naye.
ich-gewöhnlich-mögen sprechen mit-ihr
Ich unterhalte mich gerne mit ihr.

Ayenera kupesa ntchito mwamsanga.
er-müssen finden Arbeit[5] *Umst.-schnell*
Er muss schnell eine Arbeit finden.

Sinditha kusenza madzi.
ich-nicht-können auf-dem-Kopf-tragen Wasser[4]
Ich kann keinen Eimer Wasser auf dem Kopf tragen.

Hilfsverben durch Vorsilben ausdrücken

Die Hilfsverben „können“ und „müssen“ werden in der Gegenwart häufig durch Vorsilben ausgedrückt, die dem Tätigkeitswort anstelle der Zeitsilbe vorangestellt werden.

-nga-	können
-zi-	müssen/sollen

Ndi-nga-yenda pansi.
ich-können-gehen unten
Ich kann zu Fuß gehen.

Ndi-zi-pita.
ich-sollen-gehen
Ich muss jetzt gehen.

Bei der Verneinung von „können“ ist zu beachten, dass sich am Ende des Wortes das **-a** in ein **-e** umwandelt.

Simu-nga-peze nokha.
nicht-Sie-können-finden Sie-alleine
Sie können es nicht alleine finden.

„Können“ wird häufig auch durch eine Kombination von eigenständigem Wort und Vorsilbe ausgedrückt:

Sindi-nga-the ine.
nicht-ich-können-können ich
Das kann ich nicht.

Sein und Haben

Für das Wort „sein" gibt es einige verschiedene Verben:

ndi

ndi wird weniger häufig verwendet. Man gebraucht es, wenn eine Identität oder ein Besitzverhältnis ausgedrückt wird. Allerdings wird dieses Wort nur in der Gegenwart verwendet. Bei Personen wird es gebeugt, indem man das entsprechende Fürwort anhängt **(ndine, ndiwe, ndiye, ndife, ndinu, ndiwo).** Ansonsten bleibt es unverändert.

Kodi, ndinu mlendo?
Entschuldigung sind-Sie Tourist[1]
Entschuldigung, sind Sie Tourist?

Dzina langa ndi Susanne.
Name[4] mein ist Susanne
Ich heiße Susanne.

Munthu uyu ndi woipa.
Mensch[1] dieser ist schlecht
Das ist ein schlechter Mensch.

Mwana uyu ndi wake.
Kind[1] dieses ist ihrs
Das ist ihr Kind.

Zur Verneinung wird die Vorsilbe **si-** vorangestellt. Bei nicht menschlichen Bezugswörtern, ersetzt das **si-** das **ndi-** vollständig.

Sindine mlongo wako.
nicht-bin-ich Schwester[1] *deine*
Ich bin nicht deine Schwester.

Si chonchi?
ist-nicht so
Ist es nicht so? (Frage nach Bestätigung)

kuli

Wenn man einen Aufenthaltsort oder eine Eigenschaft bezeichnen will, bedient man sich in den meisten Fällen des Wortes **ku-li**. Es wird wie ein gewöhnliches Tätigkeitswort gebeugt, nur dass in der Gegenwart die Zeitsilbe **-ku-** immer entfällt.

Mit dem Wort **kuli** können allerdings nicht alle Zeiten und Formen gebildet werden, sondern nur die Gegenwart und die Vergangenheit mit **-na-**. Für andere Formen (siehe auch Kapitel Tätigkeitswörter) bedient man sich des Wortes **ku-khala** (sein, leben), das weiter unten erklärt wird.

Das vielseitigeWort **ndi** *kann einen zunächst etwas verwirren. Es steht hier im einen Fall für „sein“, im anderen Fall für „ich“, so dass sich ergibt:* **ndi-ne** = *bin-ich; aber* **ndi-li** = *ich-bin!*

Ndi-li bwino.
ich-bin gut
Mir geht es gut.

U-na-li kuti dzulo?
du-Verg.-sein wo gestern
Wo warst du gestern?

S-u-li siriasi!
nicht-du-bist ernsthaft
Das ist nicht dein Ernst!

S-a-na-li kwao dzulo.
nicht-er-ist bei-sich-zu-Hause[5]-gestern
Er war gestern nicht zu Hause.

In Verbindung mit den Ortsvorsilben **ku, pa** *und* **mu-** *ergibt sich:* **ku-li** *(dort ist),* **pa-li** *(genau hier ist) und* **mu-li** *(hier drin ist).*

ndi-li bwino	ich bin gut / es geht mir gut
u-li bwino	du bist gut / es geht dir gut
a-li bwino	er/sie ist gut / es geht ihm / ihr gut
ti-li bwino	wir sind gut / es geht uns gut
mu-li bwino	ihr seid gut/ es geht euch gut
a-li bwino	sie sind gut/ es geht ihnen gut

kukhala

Für alle anderen Zeitformen, die weder mit **ndi** noch mit **kuli** gebildet werden können, bedient man sich des Wortes **ku-khala** (leben, sein). Dieses wird wie alle anderen Tätigkeitswörter gebeugt.

Akakhala yekha.
er-Zuk.-sein allein
Er wird alleine sein.

Haben

Im Chichewa gibt es kein eigenes Wort für „haben". Man drückt es so aus, dass man sagt „jemand ist mit etwas". Dafür verwendet man die oben besprochenen Wörter **kuli** und **kukhala** für „sein" und **ndi** für „mit" (dieses **ndi** ist nicht zu verwechseln mit der dritten Übersetzung für „sein", die auch **ndi** heißt). Die Beugung erfolgt wie oben besprochen.

Ali ndi ana atatu
er-ist mit Kinder[1] drei
Er hat drei Kinder.

Ndinali ndi njala.
ich-war mit Hunger[5]
Ich hatte Hunger.

Muli ndi chenji?
Sie-sind mit Wechselgeld[5]
Haben Sie Wechselgeld?

Zur Verneinung wird die Schlusssilbe **-be** an **kuli** angehängt, die das **ndi** ersetzt. In der Wort-für-Wort-Übersetzung wird sie mit „ohne" wiedergegeben.

Ndili-be ndalama.	**Ali-be mphamvu.**
ich-bin-ohne Geld[5]	*er-ist-ohne Kraft*[5]
Ich habe kein Geld.	Er hat keine Kraft.

Achtung: Die Bedeutung der Nachsilbe **-be** hängt von dem Tätigkeitswort ab, dem sie nachgestellt ist: Nach **kuli** bedeutet sie soviel wie „ohne", der gesamte Ausdruck wird somit mit „nicht haben" übersetzt. Nach allen anderen Tätigkeitswörtern bedeutet **-be** „noch" (vgl. Kapitel Tätigkeitswörter). Um auf Chichewa „ich bin immer noch" oder „ich habe immer noch" zu sagen, verwendet man daher das Wort **kukhala.**

Ndikukhalabe ndi buku lako.
ich-Geg.-sein-noch mit Buch[4] *dein*
Ich habe immer noch dein Buch.

Zur Verneinung benutzt man in diesem Fall **popanda,** das eigenständige Wort für „ohne":

Ali ndi zaka 30,
koma akukhalabe popanda ana.
sie-ist mit Jahre[3] *30*
aber sie-Geg.-sein-noch ohne Kinder[1]
Sie ist (schon) 30 Jahre alt,
aber sie hat noch keine Kinder.

Wem? oder Wen?

Wie bereits vorher erwähnt, werden Hauptwörter im Chichewa nicht gebeugt. Daher erkennt man ein Objekt nur an der Stellung im Satz. Die Grund-Satzstellung ist im Chichewa genauso wie im Deutschen:

1.) Subjekt *(Satzgegenstand)*
2.) Prädikat *(Tätigkeitswort)*
3.) Objekt *(Satzergänzung)*

Anthu akudya nsima.
Menschen[1] sie-Geg.-essen Nsima[5]
Die Leute essen Nsima (Maisbrei).

Wenn das Objekt im Deutschen ein Fürwort ist, das auf etwas Bekanntes Bezug nimmt, wird es im Chichewa durch eine Objektvorsilbe ausgedrückt, die dem Tätigkeitswort des Satzes zwischen der Zeitsilbe und dem Wortstamm vorangestellt wird. So ergibt sich für die Verbform die Reihenfolge:

Dabei ist es egal, ob im Deutschen das Bezugswort im Dativ (wem?) oder im Akkusativ (wen?) steht.

1.) Kennsilbe (wer?)
2.) Zeitsilbe (wann?)
3.) Objektsilbe (was/wem/wen?)
4.) Verbstamm

Für Personen werden folgende Objektsilben vorangestellt:

Wem? oder Wen?

-ndi-	mir, mich
-ku-	dir, dich
-mu-	ihr/ihm, sie/ihn
-ti-	uns
-ku ... -ni	Ihnen/euch, Sie/euch
-wa-	ihnen, sie

Eine Besonderheit bildet die 2. Person Mehrzahl („wir“). Zur Unterscheidung von der 2. Person Einzahl („du“) wird zusätzlich zur Vorsilbe **-ku-** an das Wortende ein **-ni** angehängt:

Ndi-ku-ona.
ich-dich-sehen
Ich sehe dich.

Ndi-ku-ona-ni.
ich-euch-sehen(euch)
Ich sehe euch.

A-na-ndi-gulitsa tiketi.
er-Verg.-mir-verkaufen Ticket[4]
Er hat mir ein Ticket verkauft.

Wa-ti-itana.
sie-soeben-uns-einladen
Sie hat uns eingeladen.

In der zweiten Person Gegenwart entfällt die Gegenwartsvorsilbe **ku-** häufig:

(Eigentlich hieße es **si-ti-<u>kuku</u>-seka,** *aber die zweite* **ku-***Silbe ist entfallen!)*

Si-ti-ku-seka iweyo.
nicht-wir-dich-lachen dich-selbst
Wir lachen nicht über dich.

Ti-ku-landira-ni ndi manja awiri!
wir-euch-empfangen-euch mit Händen[4] zwei
Wir empfangen euch mit beiden Händen!
(= Herzlich willkommen!)

Die Objektsilben der anderen Klassen entsprechen den Kennsilben (s.o.):

Klasse	Einzahl	Mehrzahl
2	-u-	-i-
3	-chi-	-zi-
4	-li-	-a-
5	-i-	-zi-
6	-u-	-a-

Werden im deutschen Satz zwei Objekte durch Fürwörter ausgedrückt, kann dies im Chichewa so nicht wiedergegeben werden. Es kann einem Tätigkeitswort nur eine Objektsilbe vorangestellt werden. Die zweite wird weggelassen und ergibt sich aus dem Zusammenhang.

Der Satz „Ich habe es ihm zurückgegeben" kann also auf zwei Arten übersetzt werden: **Ndinamubweza.** *(ich habe ihm zurückgegeben)* oder **Ndinalibweza.** *(ich habe es zurückgegeben)*, je nachdem, in welchem Zusammenhang es steht und was man betonen will.

Auffordern & Befehlen

Die einfache Befehlsform besteht bei mehrsilbigen Tätigkeitswörtern aus dem Wortstamm, bei Einsilbigen wird zusätzlich ein **i-** vorangestellt. In der höflicheren Form und bei der Aufforderung an mehrere Personen wird immer ein **-ni** angehängt.

Zwar gibt es ein eigenes Wort für „bitte“: **chonde**. Es wird aber in der Regel nicht verwendet, da es einen sehr stark bittenden oder bettelnden Charakter hat.

Gona bwino!	Schlaf gut!
Gona-ni bwino!	Schlafen Sie gut!/ Schlaft gut!
Dikira-ni!	Wartet! / Warten Sie!
I-dya-ni!	Esst!
I-mwa!	Trink!

Häufig wird die Vorsilbe **ta-** vorangestellt, was ungefähr mit „... mal eben“ übersetzt werden kann:

Tabwera!	Komm mal!
Taona!	Guck mal!
Tadikira!	Warte mal!

Wichtig ist zu unterscheiden zwischen der Aufforderung **pita** („geh“) und **choka** („geh weg“). **choka** ist sehr unfreundlich und wird vor allem auf der Straße verwendet, wenn man auf irgendeine Art belästigt wird, oder aber wenn man einen Hund verscheucht.

Eine höflichere Aufforderung wird gebildet, indem man das Schluss **-a** des Stammes durch ein **-e** ersetzt. Dies wird in der Wort-für-Wort-Übersetzung mit „bitte" angegeben.

Aussage:	Aufforderung:
Undipatsa mpeni. *du-mir-geben Messer²* Du gibst mir ein Messer.	**U-ndipats-e mpeni.** *du-mir-geben-bitte Messer²* Gib mir bitte ein Messer.
Mundithandiza. *Sie-mir-helfen* Sie helfen mir.	**Mu-ndithandiz-e.** *Sie-mir-helfen bitte* Helfen Sie mir bitte.

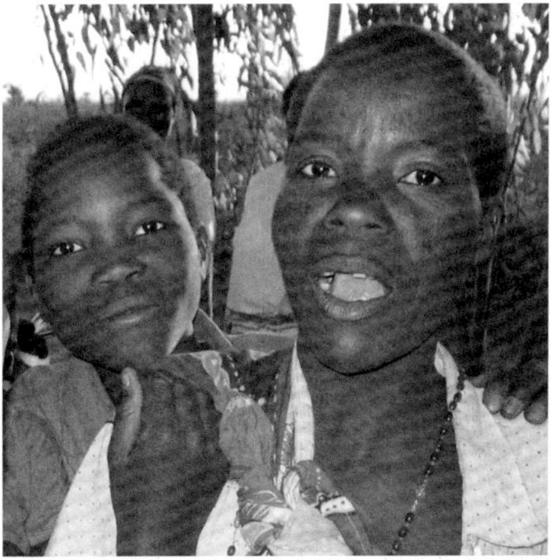

Verneinung

Eine negative Aufforderung wird mit der Vorsilbe **-sa-** gebildet. Diese steht zwischen der Kennsilbe und dem Wortstamm (bzw. wenn vorhanden der Objektvorsilbe). Das **-a** am Wortende verwandelt sich dabei in ein **-e.**

U-sa-dandaul-e!
du-nicht-Sorgen-machen
Mach dir keine Sorgen!

Ambuye wanga chonde mu-sa-nditay-e!
Gott[1] mein bitte Sie-nicht-mich-fallen-lassen
Mein Gott, lass mich bitte nicht fallen (lass mich nicht alleine).

Mu-sa-tsik-e galimoto!
Sie-nicht-aussteigen Auto[4]
Steigen Sie nicht aus dem Auto aus!

Diese Form kann auch für die dritte Person verwendet werden:

A-sa-thawe.
er-nicht-weglaufen
Er sollte nicht weglaufen.

Relativsätze

Um Relativsätze zu bilden, verwendet man im Chichewa in der Regel das Wort **-mene** (der, welcher). Die Vorsilbe für diesen Ausdruck hängt von Zahl und Klasse des Hauptwortes ab, auf das sich der Satz bezieht.

Diese Vorsilbe entspricht der Kennsilbe, siehe auch Kapitel „Tätigkeitswörter“.

Mwamuna, a-mene anandiuza njira, ali ndi ana awiri.
Mann[1] welcher er-Verg.-mir-zeigen Weg[5] er-ist mit Kinder[1] zwei
Der Mann, der mir den Weg gezeigt hat, hat zwei Kinder.

Kumudzi, kumene mzanga amakhala, kukutalitu.
im-Dorf[2/10] in-dem mein-Freund[1] er-gewöhnlich-leben dort-weit-sein-wirklich
Das Dorf, in dem mein Freund wohnt, ist sehr weit weg.

Nsomba, i-mene ndinagula dzulo, yaolakare.
Fisch[5] welchen ich-Verg.-kaufen gestern er-soeben-schlecht-werden-schon
Der Fisch, den ich gestern gekauft habe, ist schon schlecht.

Sadziwa chi-mene akupanga.
nicht-er-wissen was er-Geg.-machen
Er weiß nicht, was er tut.

Gibt es, wie hier, kein Bezugswort im Satz, wird die 3. Klasse **(chi-/zi-)** verwendet. Dies bezieht sich auf das Wort **chinthu,** was Sache/Ding bedeutet.

Mkazi, a-mene ali ndi mwana akulila, akudwala.
Frau[1] welche sie-ist mit Kind[1] es-Geg.-weinen sie-Geg.-krank-sein
Die Frau, deren Kind weint, ist krank.

In der Umgangssprache wird das Relativwort **-mene** manchmal auch weggelassen:

Munthu, (amene) tinacheza naye dzulo, anapita kuTanzania m'mawa.
Mensch[1] (welcher) wir-Verg.-unterhalten mit-ihm gestern er-Verg.-gehen nach-Tanzania am-Morgen
Die Person, mit der wir uns gestern unterhalten haben, ist am Morgen nach Tansania abgereist.

Mitunter wird anstelle von **-mene** auch des Wort **-mwe** verwendet. Die Bedeutung verändert sich geringfügig dahingehend, dass mehr betont wird, dass es sich um genau denjenigen / diejenige / dasjenige handelt, von dem die Rede ist.

-mwe wird genauso behandelt wie **-mene,** nur dass die erste Klasse Einzahl **ye-mwe** (und nicht **a-mwe**) heißt.

Ortsbestimmungen

Um den Ort oder die Bewegungsrichtung eines Gegenstandes oder eines Menschen zu bestimmen, benutzt man im Chichewa die Ortsvorsilben, **ku-**, **pa-** und **mu-**.

ku-

ku- bestimmt einen etwas weiträumigeren Ort:

ku-Malawi	in / nach Malawi
ku-nyumba	zu Hause / nach Hause

pa-

pa- hingegen bezeichnet eher einen Punkt oder eine Stelle:

pa-msewu	auf der Straße/ auf die Straße
pa-mpando	auf dem Stuhl/ auf den Stuhl
pa-Chichewa	auf Chichewa

mu-

mu- wiederum bedeutet „in“:

mu-nyumba	im Haus, ins Haus
mu-galimoto	im Auto/ ins Auto

Diese Vorsilben sind zu übersetzen mit: in, an, auf, zu / nach (Richtung). Die Bedeutung der Vorsilben überschneidet sich in weiten Teilen, so dass häufig sowohl **ku-** *als auch* **pa-** *als auch* **mu-** *verwendet werden kann. Zum Beispiel kann man „zu Hause“ sowohl mit* **kunyumba,** *als auch mit* **panyumba** *oder* **munyumba** *übersetzen.*

Pa-tebulo pa-li chakudya.
auf-Tisch[4/10] darauf-ist Essen[3]
Auf dem Tisch steht Essen.

PTC ist die malawische Supermarktkette.

Ndi-ku-cho-kera kuPTC.
ich-Geg.-kommen von-PTC[5]
Ich komme gerade vom PTC.

Chifukwa a-ku-dwala, a-ku-khala ku-nyumba.
Grund[3] er-Geg.-krank-sein
er-Geg.-sein zu-Hause[5/10]
Weil er krank ist, ist er zu Hause.

Himmelsrichtungen

mpoto	Norden
m'mwera	Süden
vuma	Osten
zambwe	Westen

Diesen Ortsbezeichnungen wird eine passende Ortsvorsilbe (meist **ku-**) vorangestellt. Für Himmelsrichtungen werden allerdings im Allgemeinen die englischen Bezeichnungen verwendet. Von den Bezeichnungen des Chichewa hört man nur **mpoto** (Norden) häufig.

ku-mpoto	im Norden, aus dem Norden
ku-south	im Süden aus dem Süden
ku-west	im Westen aus dem Westen

Als Anhang an das Wort **ku-li** (sein), zeigt die Ortssilbe an, ob es an einem Ort etwas gibt. Daraus ergibt sich:

-li-ko	es gibt hier
-li-po	es gibt hier (an dieser Stelle)
-li-mu	es gibt hier drinnen

Bambo ali-ko.
Vater[1] er-ist-hier
Der Vater ist da.

Kodi madzi ali-po?
Entschuldigung Wasser[4] es-ist-hier
Entschuldigung, gibt es hier Wasser?

Ee, ali-po.
ja es-ist-hier
Ja, gibt es.

Kodi, ili-po PTC pafupi ndi pano?
Entschuldigung es-ist-hier PTC[5] nah mit hier
Entschuldigung, gibt es in der Nähe einen PTC?

Die negative Antwort heißt **-li-be:**

ku-li-be	hier gibt es nicht
pa-li-be	hier (an dieser Stelle) gibt es nicht
mu-li-be	hier drinnen gibt es nicht

Basi ili-ko?
Bus[5] er-ist-hier
Gibt es einen Bus?

Ai, kuli-be, yachokakare.
nein hier-ist-nicht er-soeben-weggehen-schon
Nein, er ist schon weggefahren.

Eigenschaftswörter

Eigenschaftswörter dienen dazu, Hauptwörter näher zu beschreiben. Sie stehen im Chichewa, anders als im Deutschen, nach dem Hauptwort, auf das sie sich beziehen.

chakudya chokoma
Essen[3] lecker
leckeres Essen

Im Chichewa werden Eigenschaften entweder mit Hilfe von Tätigkeitswörtern, Hauptwörtern oder anderen Wörtern ausgedrückt. Diese werden durch die entsprechende Vorsilbe mit dem zu beschreibenden Wort verbunden. Die Vorsilbe richtet sich in Klasse und Zahl nach letzterem.

Beschreibung mit Tätigkeitswörtern

Viele Wörter, die bei uns mit einem Eigenschaftswort ausgedrückt werden, haben im Chichewa die Form eines Tätigkeitswortes: krank sein, lustig sein, schön sein, ...

Ndi-kudwala.
ich-krank-sein
Ich bin krank.

Nyimbo i-kusangalatsa.
Lied[5] es-lustig-sein
Das Lied ist lustig.

Chakudya chi-kukoma.
Essen[3] es-lecker-sein
Das Essen ist lecker.

Kumudzi siku-kutali
nach-Dorf[2/10] nicht-dort-weit-sein
Bis zum Dorf ist es nicht weit.

Um sie direkt mit einem Hauptwort zu verbinden, werden sie diesem mit einer klassenabhängigen Vorsilbe nachgestellt.

Bei der Bildung dieser Vorsilbe wird unterschieden, ob es sich um ein einsilbiges Tätigkeitswort handelt oder um ein mehrsilbiges:

munthu wa-kuda	schwarzer Mensch
aber:	
munthu wo-lemera	reicher Mensch

Bei einsilbigen Tätigkeitswörtern wird also die (besitzanzeigende) **a**-Vorsilbe **der Grundform** des Tätigkeitswortes vorangestellt, bei mehrsilbigen dagegen wird eine **o**-Vorsilbe **dem Stamm** des Tätigkeitswortes vorangestellt. Die **a**-Vorsilbe und die **o**-Vorsilbe unterscheiden sich nur durch den Selbstlaut (**-a** bei besitzanzeigender, **-o** bei **o**-Silbe).

Als Gedächtnisstütze sind in der Umschlagklappe Übersichtstabellen für die **a-** *und* **o-** *Vorsilben aufgeführt.*

Klasse		Einzahl	Mehrzahl
1	schönes Mädchen	**mtsikana wo-kongola**	**atsikana o-kongola**
2	reiches Dorf	**mudzi wo-lemera**	**midzi yo-lemera**
3	heißes Jahr	**chaka cho-tentha**	**zaka zo-tentha**
4	lustiges Buch	**buku lo-sangalatsa**	**mabuku o-sangalatsa**
5	teurer Schuh	**nsapato yo-dula**	**nsapato zo-dula**
6	vergammeltes Maismehl	**ufa o-ola**	

Verneint werden diese Ausdrücke durch die Vorsilbe **-sa-**, die zwischen die **o-**Vorsilbe und den Stamm gestellt wird.

nsapato yo-sa-dula
Schuhe[5] von-nicht-teuer-sein
= preiswerte Schuhe

Des weiteren gibt es die Möglichkeit, den Zweck eines Gegenstandes zu beschreiben. Dazu wird das Schluss **-a** des Tätigkeitswortes durch die Nachsilbe **-ira** ersetzt:

mafuta o-phik-ira
Öl[4] zum-Kochen
Kochöl

Beschreibung mit Hauptwörtern

Gibt es kein passendes Tätigkeitswort, um eine Eigenschaft zu beschreiben, benutzt man ein treffendes Hauptwort und verbindet es durch die **a-**Vorsilbe mit dem Hauptwort, das beschrieben wird.

Auch hierbei steht die Eigenschaft nach dem Hauptwort!

mphunziro wa-ulesi
Student[1] von-Faulheit[6]
ein fauler Student

mwana wa-nzeru
Kind[1] von-Intelligenz[5]
ein intelligentes Kind

anyamata a-chisoni
Jungen[1] von-Traurigkeit[3]
traurige Jungen

Bei der Beschreibung der Herkunft wird eine Ortsvorsilbe ergänzt:

chimanga cha-kuMalawi
Mais[3] von-in-Malawi[5/10]
Mais aus Malawi, malawischer Mais

Weitere Eigenschaftswörter

Des weiteren gibt es Eigenschaftswörter, die sich von anderen Wortarten ableiten. Die Bildung erfolgt wie bei der Bildung mit Hauptwörtern mit Hilfe der besitzanzeigenden **a**-Vorsilbe, die dem entsprechenden Wort vorangestellt wird.

tsopano	jetzt
chabe	nur, nichts
bwino	gut
kare	früher

galimoto la-tsopano
Auto[4] von-jetzt
ein neues Auto

munthu wa-bwino
Mensch[1] von-gut
ein guter Mensch

galimoto la-chabe
Auto[4] von-nichts
ein wertloses Auto

Dabei gibt es einige Ausnahmen, die besonders gebildet werden:

-kulu	groß
-ng'ono	klein
-tali	lang, weit
-fupi	kurz, nah

Diese Wörter erhalten eine Doppelvorsilbe, das heißt, der **a-**Vorsilbe folgt noch die Kennsilbe für Tätigkeitswörter. Achtung: Eine Ausnahme bildet Klasse 1 in der Einzahl, statt der Kennsilbe wird hier ein **m-** verwendet.

njira ya-i-tali
Weg[5] von-weit
ein weiter Weg

mudzi wa-u-ng'ono
Dorf[2] von-klein
ein kleines Dorf

mwamuna wa-m-kulu
Mann[1] von-groß
ein großer Mann

nur, alleine, alle

-kha	alleine (bei Personen), nur
-nse	alle

Diese Eigenschaftswörter haben eine spezielle Bildung. Obwohl sie nicht von Tätigkeitswörtern abgeleitet sind, werden sie mit der **o**-Vorsilbe gebildet. Die Besonderheit tritt bei der Anwendung auf Personen auf. In diesem Fall werden sie entsprechend der Person (erste, zweite oder dritte Person) gebeugt.

Person	Personenvorsilbe
ich	**nde-**
du	**we-**
er/sie	**ye-**
wir	**to-**
ihr/ Sie	**no-**
sie (MZ)	**o-**

Ndikuyenda nde-kha.
ich-Geg.-reisen ich-alleine
Ich reise alleine.

Ndikufuna chakumwa cho-kha.
ich-Geg.-wollen Getränk[3] nur
Ich möchte nur etwas zu trinken.

To-nse timakonda nsomba.
wir-alle wir-gewöhnlich-mögen Fisch[5]
Wir essen alle gerne Fisch.

Analipira zo-nse.
er-Verg.-bezahlen alles
Er hat alles bezahlt.

zonse ist abgeleitet von **zinthu zonse** (= alle Dinge).

Umstandswörter

Umstandswörter (Adverben) beschreiben, wie eine Tätigkeit ausgeführt wird: schnell, langsam, sorgfältig ...

Im Chichewa sind sie durch die Vorsilbe **mo-** oder **mwa-** gekennzeichnet, je nachdem, ob sie von einem Tätigkeitswort oder einem anderen Wort abgeleitet sind (vgl. Kapitel Eigenschaftswörter). Abgeleitet von Tätigkeitswörtern tragen sie die Vorsilbe **mo-,** von Hauptwörtern die Vorsilbe **mwa-.**

Anabwera mo-chedwa.
er-Verg.-kommen Umst.-spät-sein
Er ist zu spät gekommen.

Amayenda mwa-ulesi.
Er-gewöhnlich-gehen Umst.-Faulheit[6]
Er schlendert immer.

Ndinadzuka mwa-msanga.
ich-Verg.-aufstehen Umst.-früh
Ich bin früh aufgestanden.

Verneinung

Adverben mit der Vorsilbe **mo-** werden verneint, indem ein **-sa-** zwischen die Adverbvorsilbe **mo-** und den Wortstamm gestellt wird. Adverben mit **mwa-** werden verneint durch **mopanda** („ohne"), die die Silbe **mwa-** ersetzt.

Lankhulani mo-sa-fulumira!
Sprechen-Sie-Auff. Umst.-nicht-eilen
Sprechen Sie bitte langsam!

Umalankhula mopanda ulemu!
du-gewöhnlich-sprechen ohne Respekt[6]
Du sprichst respektlos!

Verhältniswörter

Für weitere Ortsbestimmungen verwendet man Verhältniswörter (Präpositionen). wie „in, an auf, unter, neben, ...“ Sie stehen im Chichewa wie im Deutschen vor dem Hauptwort.

Anders als im Deutschen werden diese Verhältnisse aber meist nicht mit einem einzelnen Wort ausgedrückt, sondern mit Kombinationen aus den oben genannten Orts-Vorsilben und Hauptwörtern, die einen Ort beschreiben. Diese Ausdrücke werden durch die **a-**Vorsilbe mit dem Hauptwort, welches sie näher bestimmen, verbunden.

-nsi	Unterseite
-mwamba	Oberseite
-tsogolo	Vorderseite
-mbuyo	Rückseite
-kati	Innenraum
-nja	Außenraum

pa-nsi pa-tebulo
an-Unterseite von-Tisch[5]
unter dem Tisch

ku-mbuyo kwa-nyumba
an-Rückseite von-Haus[5]
hinter dem Haus

pa-kati pa-Malawi ndi Kenya
in-Innenraum von-Malawi[5] und Kenia[5]
zwischen Malawi und Kenia

weitere Verhältniswörter

pafupi ndi	in der Nähe von, neben, bei (wörtlich: nahe mit)
kuchokera ku-	von (kommend von)
kuyambira	seit
mpakana	bis (örtlich / zeitlich)
za	über („über etwas erzählen")
manja	rechte Seite
manzere	linke Seite

pafupi ndi sukulu
nah mit Schule[5]
in der Nähe der Schule

kuyambira dzulo
seit gestern
seit gestern

mpakana mawa
bis morgen
bis morgen

Sindikudziwa zambiri za Malawi.
nicht-ich-Geg.-wissen vieles über Malawi[5]
Ich weiß nicht viel über Malawi.

Eine Besonderheit entsteht bei der Verbindung von **ndi** („mit") mit Fürwörtern. Sie verschmelzen zu einem neuen Wort:

mit mir	**ndi ine**	**nane**
mit dir	**ndi iwe**	**nawe**
mit ihm/ihr	**ndi iye**	**naye**
mit uns	**ndi ife**	**nafe**
mit euch/Ihnen	**ndi inu**	**nanu**
mit ihnen	**ndi awo**	**nawo**

Dieses **na-** *hat nichts mit der Vergangenheitsvorsilbe* **na-** *zu tun, die Wörter heißen nur zufällig gleich. Zur* **o**-*Silbe siehe Seite 65!*

Für die anderen Klassen funktioniert das auch, indem man **na-** mit der **o**-Silbe verknüpft, z. B. **na-cho, na-yo, ...** Dies wird häufig in der Verbindung mit „haben" verwendet.

Ine ndilibe ndalama, koma uyu ali nazo.
ich ich-bin-ohne Geld[5] *aber dieser er-ist mit-ihm*
Ich selbst habe kein Geld, aber dieser hier hat welches.

Bindewörter

Die Bindewörter werden wie im Deutschen verwendet:

	ndi, ndipo	und
	osati	und nicht / nicht
	kapena	oder
	koma	aber
	mpakana	bis
Grund	**chifukwa**	weil
Grund von-	**chifukwa cha-**	wegen
Grund dessen	**chifukwa chake**	deswegen
	kuti	dass, damit
	ngakhale	obwohl, auch wenn
	nthawi imene / nthawi pamene	wenn, als (zeitlich)
	ngati	wenn, falls, ob, wie (vergleichend)
	-nso	wieder, auch
	komanso	aber auch

Chifukwa cha-umphawi anafa.
Grund[3] von-Armut[6] er-Verg.-sterben
Er ist aus Armut gestorben.

Sindikudziwa bwino,
koma mwina ali kunyumba.
nicht-ich-Geg.-wissen gut
aber vielleicht er-ist zu-Hause[5/10]
Ich bin mir nicht sicher,
aber ich denke, er ist zu Hause.

Lero tinaona Blantyre ndipo mawa tikapita kuLilongwe.
heute wir-Verg.-sehen Blantyre[5] *und morgen*
wir-Zuk.-gehen nach-Lilongwe[5/10]
Heute haben wir uns Blantyre angeschaut,
und morgen wollen wir nach Lilongwe.

Ngakhale akukhalabe mwana koma
anayambakare kugwira ntchito.
Obwohl es-Geg.-sein-noch Kind[1] *aber*
es-Verg.-beginnen-schon halten Arbeit[5]
Obwohl sie noch ein kleines Kind ist, arbeitet sie schon.

Ndikufuna ntochi ndi mapeala.
ich-Geg.-wollen Bananen[5] *und Avocados*[4]
Ich möchte Bananen und Avocados.

Koma inu ...!
aber ihr!
Aber ihr!
(= Das ist nicht euer Ernst!)

Ndikufuna kupita kunyanja, koma ndilibe ndalama.
ich-Geg.-wollen gehen zu-See[5/10] *aber ich-bin-ohne Geld*[5]
Ich möchte zum See (gehen), aber ich habe kein Geld.

Ngakhale sindimadziwa Chichewa, ndimakonda kuMalawi.
Auch-wenn nicht-ich-gewöhnlich-wissen Chichewa[3]
ich-gewöhnlich-mögen in-Malawi[5/10]
Auch wenn ich kein Chichewa kann, mag ich Malawi.

Chifukwa ndinadzuka mwamsanga, ndatopa.
Grund[3] *ich-Verg.-aufstehen Umst.-früh ich-soeben-ermüden*
Weil ich früh aufgestanden bin, bin ich müde.

Chifukwa chake ndikupuma.
Grund[3] dessen ich-Geg.-ausruhen
Deswegen mache ich Pause.

Nthawi imene ndinabwera kuZomba, inagwa mvula.
Zeit[5] welche ich-Verg.-kommen nach-Zomba er-Verg.-fallen Regen[5]
Als ich nach Zomba kam, hat es geregnet.

Das „als" kann im Chichewa auch weggelassen werden:

Ndinabwera kuZomba, inagwa mvula.
ich-Verg.-kommen nach-Zomba er-Verg.-fallen Regen[5]
Als ich nach Zomba kam, hat es geregnet.

Ndimakonda nsima komanso mpunga.
ich-gewöhnlich-mögen Nsima[5] aber-auch Reis[2]
Ich esse gerne Nsima (Maisbrei), aber auch Reis.

Einige Bindewörter werden im Chichewa nicht als eigenständiges Wort ausgedrückt, sondern als weitere Vorsilbe in das Tätigkeitswort integriert.

-ta-	bevor
-sana-	nachdem
-ka-	wenn
po-	während

Ndi-sana-bwere kuMalawi, sindinadziwe Chichewa.
ich-bevor-kommen nach-Malawi[5/10] *nicht-ich-Verg.-wissen Chichewa*[3]
Bevor ich nach Malawi kam, konnte ich kein Chichewa.

Ti-ta-dya, tinagona.
wir-nachdem-essen wir-Verg.-schlafen
Nachdem wir gegessen hatten, schliefen wir.

U-ka-bwera kwathu, timwe tii.
du-wenn-kommen bei-uns-zu-Hause[5] *wir-trinken-Auff. Tee*[5]
Wenn du zu uns (nach Hause) kommst, lass uns Tee trinken.

Dabei ist zu beachten, dass dieses **-ka-**, genau wie das deutsche „wenn", sowohl zeitliche als auch konditionale (Bedingung) Bedeutung haben kann.

Fragen

Wie in vielen anderen Sprachen auch, ist hier zu unterscheiden, zwischen Fragen, die mit „Ja" oder „Nein" zu beantworten sind (Entscheidungs- oder Satzfragen), und Fragen mit Fragewörtern, die nur mit einem vollständigen Satz beantwortet werden können (Ergänzungsfragen).

Satzfragen

Um Fragen ohne Fragewort, Satzfragen, zu stellen, wird der entsprechende Aussagesatz einfach fragend ausgesprochen.

Mumadziwa Chizungu?
Sie-gewöhnlich-wissen Englisch[3]
Sprechen Sie Englisch?

Wakomana ndi mzako?
du-soeben-treffen mit deinem-Freund[1]
Hast du deinen Freund getroffen?

Ergänzungsfragen

Fragen, die mit einem Fragewort (wer, wie, was ...) eingeleitet werden, heißen Ergänzungsfragen. Auch hier entspricht die Satzstellung im Chichewa der eines Aussagesatzes. Das Fragewort steht meistens am Ende.
Die wichtigsten Fragewörter:

ndani?	wer?
bwanji?	wie?
chiyani?	was?
liti?	wann?
kuti?	wo? wohin? woher?
chifukwa chiyani?	warum?
kuyambira liti?	seit wann?
-ngati	wie viele?

Ukupita kuti?
du-Geg.-gehen wo
Wohin gehst du?

Tikomane nthawi yanji?
wir-treffen-Auff. Zeit[5] *welche*
Wann sollen wir uns treffen?

Dzina lako ndani?
Name[4] dein wer
Wie heißt du?

Mwadzuka bwanji?
Sie-soeben-aufstehen wie
Wie sind Sie heute aufgestanden? (Begrüßung am Morgen)

Anakuuza chiyani?
er-Verg.-dir-erzählen was
Was hat er dir erzählt?

Das Fragewort „warum" bildet eine Ausnahme, da es sowohl am Satzanfang als auch am Ende stehen kann:

Chifukwa chiyani wabwerako mochedwa?
Grund[3] welcher du-soeben-zurückkommen Umst.-spät-sein
Warum bist du so spät wiedergekommen?

Man kann aber auch sagen:

Wabwerako mochedwa chifukwa chiyani?
du-soeben-zurückkommen Umst.-spät-sein Grund[3] welcher
Warum bist du so spät wiedergekommen?

Mufuna ntochi zingati?
Sie-wollen Bananen[5] wie-viele
Wie viele Bananen möchten Sie?

Steigern und Vergleichen

Anders als im Deutschen gibt es im Chichewa keine eigene Steigerungsform der Eigenschaftswörter. Um Vergleiche anzustellen, gibt es verschiedene Möglichkeiten.

Man fragt auf Chichewa nicht: „Welcher ist besser?“, sondern: „Welcher aus einer Gruppe ist der Gute?“.

Vergleichende Fragen

Hier braucht man die Ausdrücke:

pa-	hier in der Bedeutung: in der Gruppe von ...
ndani	wer
-ti	welches

Vor **-ti** wird die Kennsilbe (vgl. Tätigkeitswörter) des Bezugswortes gestellt. Unterscheiden sich die Klassen der Bezugswörter verwendet man **chiti** (von **chinthu chiti:** welches Ding).

Ntochi ndi mango, chokoma ndi chiti?
Bananen[5] und Mango[4] lecker ist welches
Was ist leckerer, Mango oder Banane?

Iwe ndi ine, wanzeru ndani?
du und ich von-Intelligenz[5] wer
Wer von uns beiden ist intelligenter?

Pawaides izi, yochipa ndi iti?
von-Radios[5] diesen billig ist welches
Welches von diesen Radios ist am billigsten?

Vergleichende Aussagen

Um auszudrücken, dass zwei Dinge gleich bzw. unterschiedlich sind, kann man sich entweder eines Vergleichswortes oder eines Tätigkeitswortes bedienen:

-fanana	ähnlich, gleich (sein)
-chepa	(zu) wenig (sein)
-sakwanira	nicht ausreichend (sein)
kwambiri	sehr
chimodzimodzi	gleich
monga	wie
koposa	als

Ndalama ikuchepa.
Geld^{5} *es-Geg.-wenig-sein*
Das Geld ist zu wenig.

KuMalawi ku-matentha koposa kuGermany.
in-Malawi$^{5/10}$ *dort-gewöhnlich-heiß-ist als in-Deutschland*$^{5/10}$
In Malawi ist es heißer als in Deutschland.

Mitengo ya-kuBlantyre imafanana ndi ya-kuLilongwe.
Preise^{2} *von-in-Blantyre*$^{5/10}$ *sie-gewöhnlich-ähneln mit von-in-Lilongwe*$^{5/10}$
Blantyre und Lilongwe sind gleich teuer.

Häufig ist aber auch gar kein Extrawort nötig:

Basi yaikulu ndi iyi.
Bus^{5} *groß ist dieser*
Dieser Bus ist der größere/ der größte.

Zahlen und Zählen

Eine Ausnahme bilden Bezeichnungen für Geldbeträge, z. B. **five kwacha.**

Die Zahlen sind im Chichewa, anders als im Deutschen, nachgestellt. Sie werden wie Eigenschaftswörter behandelt, werden aber mit der entsprechenden Kennsilbe für Tätigkeitswörter mit dem Hauptwort verbunden (vgl. Kapitel „Tätigkeitswörter").

Nyimbo zi-tatu
Lieder[5] drei
drei Lieder

Zählen

Zwar gibt es im Chichewa ein eigenes Zahlensystem, doch hat sich die englische Zählweise durchgesetzt, so dass aus dem Chichewa nur die Zahlen von eins bis vier, manchmal auch bis fünf, verwendet werden.

-modzi	eins
-wiri	zwei
-tatu	drei
-nayi	vier
-sanu	fünf

anthu awiri
Menschen[1] zwei
zwei Leute

zaka zitatu
Jahre[3] drei
drei Jahre

Die Originalzählweise des Chichewa ist ein Fünfer-System, man würde also zählen: eins, zwei, drei, vier, fünf, fünf und eins, fünf und zwei, usw. Man zählt aber wie gesagt auf Englisch weiter:

six	**= sikisi**	sechs
seven	**= seveni**	sieben
eight	**= eeti**	acht
nine	**= nain**	neun
ten		zehn

Ordnungszahlen

Um auszudrücken, dass es sich um das erste, zweite, dritte, ... handelt, stellt man dem Zahlwort die Vorsilbe **-chi-** voran. Diese steht zwischen der besitzanzeigenden **a**-Silbe und dem Wortstamm:

tsiku la-chi-wiri
Tag[4] zweiter
der zweite Tag

Ausnahme bildet „der/die/das erste". Hier benutzt man das Verb **kuyamba** (beginnen) in der Form eines Eigenschaftswortes mit der entsprechenden Vorsilbe:

munthu wo-yamba
Mensch[1] erster
der erste Mensch

Seitenzahlen

Damit Sie sich sich die Chichewa-Aussprache der englischen Zahlen besser einprägen können, sind die Seitenzahlen in diesem Buch auf Englisch mit Chichewa-Aussprache angegeben.

Häufigkeiten

Um eine Häufigkeit auszudrücken, kann man die Vorsilbe **-ka-** in Verbindung mit dem Zahlwort benutzen.

Anafunsa katatu.
er-Verg.-fragen Mal-drei
Er hat dreimal gefragt.

Man kann diese beiden Ausdrücke auch einfach verbinden. Die Reihenfolge lautet dann: **ka-chi-** + Zahlwort.

Anafunsa kachitatu.
er-Verg.-fragen Mal-drittes
Er hat zum dritten Mal gefragt.

In Verbindung mit dem Fragewort **-ngati** („wie viele?") ergibt sich:

ka-ngati?
wie oft?

Alter

Muli ndi zaka zingati?
Sie-sind mit Jahre[3] wie-viele
Wie alt sind Sie?

Ndili ndi zaka 25.
ich-bin mit Jahre[3] 25
Ich bin 25 (Jahre alt).

Geld

Die Währung in Malawi ist Kwacha und Tambala. 100 Tambala sind ein Kwacha. Da ein Tambala aber so wenig wert ist, wird dieses Kleingeld kaum noch benutzt.

Maße und Gewichte sind wie bei uns. Gewichte braucht man in der Regel sowieso nicht, weil alles in Häufchen, Bündeln usw. verkauft wird.

Mango ndi kwacha zingati?
Mango[4] sind Kwacha wie-viele
Wieviel kosten die Mangos?

Ndi five kwacha, five kwacha.
es-ist fünf Kwacha fünf Kwacha
Sie kosten fünf jeweils fünf Kwacha.

Zeit und Datum

Es wird zwischen relativen und absoluten Zeitangaben unterschieden:

relative Zeitangaben

Relative Zeitangaben sind Zeitangaben, die im Bezug zum gegenwärtigen Zeitpunkt stehen (gestern, heute, morgen, nächstes Jahr etc).

Zeiteinheiten		Klasse
chaka	Jahr	**3**
mwezi	Monat	**2**
mlungu	Woche	**2**
tsiku	Tag	**4**

	letztes	dieses	nächstes
Tag	**dzulo** (gestern)	**lero** (heute)	**mawa** (morgen)
Woche	**mlungu watha**	**mlungu uno**	**mlungu wamawa**
Monat	**mwezi watha**	**mwezi uno**	**mwezi wamawa**
Jahr	**chaka chatha**	**chaka chino**	**chaka chamawa**

absolute Zeitangaben

Die Wochentage werden im Chichewa durchgezählt (mit Ausnahmen). Der Dienstag ist zum Beispiel der zweite Tag der Woche, **tsiku lachiwiri.** Das Wort für „Tag“ **(tsiku)** wird aber in der Bezeichnung der Wochentage weggelassen. Dementsprechend heißt „Dienstag“ auf Chichewa: **lachiwiri.**

Ausnahmen bilden Montag (**lolemba:** Tag des Schreibens), Samstag (**loweruka:** Tag des Feierabends) und Sonntag (**lamulungu:** der Tag Gottes).

Wochentage (masiku)

lolemba	Montag
lachiwiri	Dienstag
lachitatu	Mittwoch
lachinayi	Donnerstag
lachisanu	Freitag
loweruka	Samstag
lamulungu auch: **lasabata)**	Sonntag

Monate (miyezi)

Im Chichewa gibt es keine eigenen Bezeichnungen für die Monate. Es werden die englischen Monatsnamen verwendet.

Jahreszeiten (nyengo)

In Malawi gibt es drei große Jahreszeiten: Die heiße Zeit von September bis Dezember, die Regenzeit von Dezember bis April und die kühle Zeit von April bis September. Anfangs- und Endpunkte der Jahreszeiten schwanken.

nyengo	Jahreszeit
nyengo yotentha	heiße Jahreszeit
nyengo yamvula	Regenzeit
nyengo yozizira	kühle Jahreszeit

Uhrzeit

Die Uhrzeit wird im Chichewa wie im Englischen ausgedrückt. Anstatt „o'clock" sagt man **koroko.** Man unterscheidet vormittags und nachmittags mit **m'mawa** (morgens, vormittags) und **usiku** (nachmittags, nachts).

five koroko usiku	5 Uhr nachmittags
five koroko m'mawa	5 Uhr morgens

Für genauere Zeitangaben verwendet man die englischen Begriffe.

Fragen nach Zeit:

Nthawi ili bwanji?
Zeit[5] sie-ist wie
Wie spät ist es?

Tikadya nthawi yanji?
wir-Zuk.-essen Zeit[5] welche
Wann essen wir?

Unabwera liti?
du-Verg.-kommen welcher-Tag[4]?
Wann bist du gekommen?

Es ist wichtig, zwischen **nthawi yanji** und **liti** zu unterscheiden. Mit **nthawi yanji** fragt man nach einer Uhrzeit innerhalb eines (bekannten) Tages, mit **liti** nach einem weiter gefassten Zeitraum, z. B. dem Datum oder Tag. (**liti** kommt von **tsiku liti**, „welcher Tag".)

Anali kuno nthawi yaitali bwanji?
er-Verg.-sein hier Zeit[5] lang wie
Wie lange war er hier?

Die wichtigsten Zeitangaben

dzulo	gestern
dzana	vorgestern
mawa	morgen
mkucha	übermorgen
lero	heute

m'mawa / mamawa	morgens/vormittags
masana	mittags/nachmittags
madzulo	abends
usiku	nachts

tsiku lililonse	täglich
posachedwa	bald / vor kurzem
mwamsanga	früh
mochedwa	spät
panopa / tsopano	jetzt
nthawi zonse	immer
nthawi zina	manchmal
kawiri kawiri	oft

mlungu wa mawa	nächste Woche
mlungu watha	letzte Woche
mwezi	Monat
chaka	Jahr

mpakana	bis ...
kuyambira	seit
liti	wann (welcher Tag, welches Jahr)
nthawi yanji	wann (wieviel Uhr)
nthawi yaitali bwanji?	wie lange?
pompano pompano	sofort

Kurz-Knigge

Wie überall auf der Welt helfen einem auch in dieser Region der gesunde Menschenverstand und sensibles Beobachten, einen Großteil an Fettnäpfchen und Gefahren zu umgehen. Doch tauchen auch immer wieder Gegebenheiten auf, die von uns als Außenstehenden aufgrund der Fremdheit möglicherweise falsch interpretiert werden und so zu Missverständnissen führen können. Gerade am Anfang oder bei Kurzzeitaufenthalten kann dies leicht passieren. Daher sollte man nie vorschnell urteilen, sondern immer erstmal beobachten und vielleicht nachfragen. Wir sind der Gast und müssen uns der Umgebung anpassen, nicht umgekehrt.

Allgemein kann man sich und seiner Umgebung das Leben vereinfachen, indem man sich der Freundlichkeit und Gelassenheit der Region **anpasst,** auch wenn dies zum Teil mit Eigenschaften verbunden ist, die bei uns eher negativ bewertet werden, wie zum Beispiel Unpünktlichkeit, nicht immer ganz die Wahrheit sagen, etc. Wenn man sich selbst so verhält, fällt es einem gewöhnlich leichter, das auch bei anderen zu akzeptieren.

Als **Gast** genießen wir gewisse Vorzüge, zum Beispiel, dass man sich für uns Zeit nimmt, um uns zu helfen, man verzeiht uns manchen Patzer, da wir augenscheinlich fremd sind, wir haben keine engen gesellschaftlichen Verpflichtungen, man interessiert sich für uns und ist um uns besorgt. Manchmal werden wir bevorzugt behandelt, wenn wir zum Beispiel den besseren Platz im Bus zugewiesen bekommen oder eher bedient werden. Im Gegenzug sollten wir uns als Gast bemühen, unsere Gastgeber und ihre Lebensweise zu respektieren, auch wenn wir manches nicht verstehen und nicht gutheißen können. (Dafür fahren wir ja in andere Länder, um eine andere Kultur mit anderen Verhaltensweisen kennen zu lernen.)

Geduld

Auf keinen Fall sollte man es eilig haben! Wartezeit ist ein Teil vom Leben. Sie lässt sich zudem vorzüglich nutzen, um in Ruhe zu beobachten, zu träumen, sich zu unterhalten oder andere angenehme Dinge zu tun, ganz ohne Zeitdruck (weil man ja sowieso warten muss).

Selbstbeherrschung

Wenn man das Leben auf der Straße beobachtet, wird man merken, dass es viel seltener zu Streit oder Ausfälligkeiten kommt als bei uns. Auch oder besonders für uns als Fremde ist es wichtig, immer die Nerven zu behalten. Besonders schwierig kann dies in den seltenen Situationen sein, in denen man aufgrund seiner Rasse diskriminiert oder angegriffen wird. Doch auch dann hat es noch selten geholfen, die Beherrschung zu verlieren. Natürlich kann man sich wehren, doch sollte man dies ruhig und freundlich tun. Manchmal ist es aber auch am einfachsten, die Sache auf sich beruhen zu lassen.

Die Region ist von unserem Standpunkt aus eher konservativ. Daher ist es nicht üblich, sich in der Öffentlichkeit zu küssen oder freizügig bekleidet herumzulaufen.

Kleidung

Bis in die 90er durften Frauen keine Hosen tragen und Männer mussten ihre Haare kurz halten. Unter dem früheren Diktator Banda wurden männlichen Touristen gegebenenfalls an der Grenzen die Haare geschnitten. Das hat sich zwar heute überholt. Dennoch:

Eine Freundin hat mir weiße Touristen einmal so beschrieben: „Sie haben einen großen Rucksack, ausgelatschte Trekkingklamotten, sehr feste, große Wanderschuhe und sie stinken nach Schweiß. Hässlich!“

Die Kleidung sollte bei Männern und Frauen ordentlich und gepflegt sein. Dreckige, kaputte Kleidung ist in dieser Region ein Zeichen für Armut und wenn wir als Reiche, die wir nun mal sind, herumlaufen wie die Ärmsten unseres armen Gastgeberlandes, wird das verständlicherweise auf Unverständnis stoßen und wird als Hohn den wirklich Bedürftigen gegenüber gewertet.

Frauen

Frauen sollten zudem eines bedenken: Inzwischen haben sich die Vorschriften (und in den Städten auch die Mode) dahingehend geändert, dass auch Frauen sich beliebig kleiden dürfen. Dies ist jedoch, vor allem auf dem Land und in kleineren Städten, noch nicht sehr verbreitet. Daher kann es passieren, dass Frauen mit freien Schultern oder Knien oder auch in Hosen als „leichte Mädchen“ angesehen und dementsprechend behandelt werden.

Essen Man isst in der Regel mit der Hand, ob mit rechts oder links ist egal, aber man sollte sich die Hand vorher waschen. Es gibt nur wenige wirklich exotische Gerichte, doch auch die sollte man, wenn man bei jemandem eingeladen ist, wenigstens probieren.

Glaube Die meisten Menschen in der Chewa-Region sind sehr christlich, so dass die Kirche im Alltag präsent ist. Auch wenn einem der Glaube fremd, übertrieben oder unverständlich erscheinen sollte, sollte man ihn respektieren. Es ist meist schwierig, über den Glauben zu diskutieren.

Besserwisserei Vor allem gebildete Mitglieder der Oberschicht reagieren mitunter sehr empfindlich auf, auch unbewusste, Andeutungen jeglicher Überlegenheit von Weißen. Besserwisserei und (gutgemeinte) Ratschläge sollte man daher tunlichst vermeiden.

Körpersprache Auch die Körpersprache unterscheidet sich von der unsrigen. Bei der höflichen Begrüßung legt man, während man sich die Hand gibt, den linken Arm an den rechten Ellenbogen und deutet eine leichte Verbeugung an. Bekommt man etwas überreicht, so empfängt man es dankbar mit beiden Händen und spart sich dafür das verbale „danke".

Kriminalität Die Kriminalität ist, vor allem im ländlichen Bereich, aber auch in den Städten, gering. Man sollte trotzdem achtsam sein und sich den Gewohnheiten der lokalen Bevölkerung anpassen, wenn diese es zum Beispiel vermeiden, nachts alleine durch die Straßen zu laufen.

Namen & Anrede

Gewöhnlich werden im Chichewa Namen wie bei uns verwendet: Ein Vorname und ein Nachname. Für die Vornamen gibt es keine Vorgaben, sie sind meist englisch oder chichewa. Anders als bei uns werden die Namen meist nach der Bedeutung ausgesucht.

Ich habe allerdings auch mal ein Kind mit dem Namen „Strumpf" getroffen, benannt nach dem Nachnamen einer Bekannten aus Deutschland.

Sehr beliebt sind verheißungsvolle Namen wie **Praize, Love, Chikondi** (Liebe), oder ähnliches.

In anderen Fällen erinnert man sich mit dem Namen an die Umstände der Geburt. So trifft man viele **Vuto** (Problem), **Takondwa** (wir freuen uns) oder **Friday** (Freitag).

Häufige Nachnamen sind beispielsweise **Banda, Phiri, Mkandawire** oder **Gondwe.** Sie geben oft Aufschluss über die ursprüngliche Herkunft der Familie. Der **Banda**-Clan kommt aus der Zentralregion Malawis um Lilongwe, **Mkandawire** ist ein Tumbuka-Name aus dem Norden, etc.

Namen können ein interessantes Gesprächsthema sein und geben Einblick in die Tradition der Chewa und ihrer Nachbarvölker.

Anrede

Anders als bei uns, gibt es im Chichewa die Möglichkeit, fremde Leute auf der Straße persönlich zu rufen. Höfliche Anreden sind:

amayi	Frau
abambo	Herr
adona	Herr / Frau
bwana	Herr
mfumu	Chef
madam	Frau
sir	Herr
achemwali	Schwester
achimwene	Bruder
agogo	Großvater / Großmutter

Neutraler sagt man:

mayi	Frau
bambo	Herr
chemwali	Schwester
mchimwene	Bruder
inu	Sie/ ihr
ana inu *Kinder[1] ihr*	ihr Kinder
mzungu	Weißer
iwe	du (zu Kindern)

Vertrautere Rufnamen für Bekannte und Freunde sind:

mfana	Freund/ Kumpel
mphwanga	Kleiner/ Kleine, Kumpel

Etwas „respektloser" sind folgende Ausdrücke, die man selbst erst einmal nicht verwenden sollte:

iwe	hey du (zu Erwachsenen)
brother	Bruder
sister	Schwester

Muli bwanji amayi?
Sie-sind wie Frau[1]
Wie geht es Ihnen?

Sharp mfana.
servus Kumpel[1]
Servus Kumpel!

Diese Rufnamen werden auch in die Begrüßung eingebunden.

Begrüßen und Verabschieden

Die Begrüßungsfloskeln sind im Chichewa etwas ausführlicher als im Deutschen. Die Frage nach dem Wohlbefinden ist fester Bestandteil der Begrüßung, auch in Situationen, in denen man bei uns vielleicht einfach nur „Guten Tag" sagen würde, wie zum Beispiel in der Bank, beim Einkaufen, auf Behörden, im Restaurant, ...

Begrüßen

zu einem Mann:	zu einer Frau:
Moni abambo. *guten-Tag Herr*[1] Guten Tag.	**Moni amayi.** *guten-Tag Frau*[1] Guten Tag.
Muli bwanji abambo? *Sie-sind wie Herr*[1] Wie geht es Ihnen?	**Muli bwanji amayi?** *Sie-sind wie Frau*[1] Wie geht es Ihnen?

Ndili bwino kaya inu?
ich-bin gut ich-weiß-nicht Sie
Mir geht es gut, und Ihnen?

Das Wort **kaya** ist ein Ausdruck für „ich weiß nicht". Im oben gananntén Kontext kann man auch das Wort **nanga** verwenden (= „und was-ist-mit ... ?") Mit **kaya** kann man auch auf eine Frage antworten, wenn man die Antwort nicht weiß.

Ndili bwino. Zikomo.
ich-bin gut danke
Mir geht es gut, danke der Nachfrage.

Wenn es einem nicht so gut geht:

Ndili bwino pang'ono kaya inu?
ich-bin gut ein-bisschen ich-weiß-nicht Sie
Mir geht es nicht so gut, und Ihnen?

Nur wenn es einem wirklich schlecht geht:

Sindili bwino.
nicht-ich-bin gut
Es geht mir nicht gut.

Danach kann man sich genauso nach dem Zuhause, der Familie oder Arbeit erkundigen:

Kunyumba kuli bwanji?	**Kuntchito kuli bwanji?**
zu-Hause$^{5/10}$ *dort-ist wie*	*bei-Arbeit*$^{5/10}$ *dort-ist wie*
Wie geht es zu Hause?	Was macht die Arbeit?

Banja lili bwanji?
Familie[4] ist wie
Was macht die Familie?

Während diese Floskeln unabhängig von der Tageszeit verwendet werden, gibt es noch weitere, die nur vormittags oder nur nachmittags oder abends in Gebrauch sind:

Mwadzuka bwanji?
Sie-soeben-aufstehen wie
Wie geht es Ihnen heute morgen?

Ndadzuka bwino kaya inu?
ich-soeben-aufstehen gut ich-weiß-nicht Sie
Mir geht es gut (heute morgen), und Ihnen?

Mwaswera bwanji?
Sie-soeben-den-Tag-verbringen wie
Wie geht es Ihnen heute Nachmittag / Abend?

Ndaswera bwino kaya inu?
ich-soeben-den-Tag-verbringen gut ich-weiß-nicht Sie
Mir geht es gut (heute Nachmittag / Abend), und Ihnen?

Verabschieden

Mbasi, ndapita.
genug ich-soeben-gehen
Tschüß, ich gehe jetzt.

Tionana mawa!
wir-sehen-einander morgen
Bis morgen!

Tiyeni!
Lasst uns gehen!

Oft verwendet man auch die Kurzform: **Tiye!**

Yendani bwino!
gehen-Sie-Auff. gut
Gute Reise! / Guten Heimweg!

Kafikani bwino!
gehen-und-ankommen-Sie-Auff. gut
Kommen Sie gut heim!

(zu dem, der bleibt) **Tsalani bwino!**
bleiben-Sie-Auff. gut
Tschüß! / Auf Wiedersehen!

Gonani bwino.
schlafen-Sie-Auff. gut
Gute Nacht. / Schlafen Sie gut.

Perekani moni kunyumba!
überbringen-Sie-bitte Grüße zu-Hause[5/10]
Grüßen Sie zu Hause!

Etwas lässigere Grußformeln unter jungen Leuten:

Sharp mfana!
servus Kumpel[1]
Servus Kumpel!

Sharp mphwanga!
servus Kumpel[1]
Servus Kumpel!

Wasowa!
du-soeben-fehlen
Lange nicht gesehen!

Zikuyenda bwanji?
es-Geg.-gehen wie
Alles klar?

Zikuyenda?
es-Geg.-gehen
Alles klar?

Antworten:

Pang'ono pang'ono.
langsam
Alles bestens.

Chonchi.
so
Passt schon.

oder:
Bo bo?
Alles klar?

Antwort:
Bo!
Klar!

Bitten, Danken, Entschuldigen

Die Malawier sind im Allgemeinen sehr freundlich. Das merkt man auch an ihrer Art zu reden. Dabei darf man sich nicht davon täuschen lassen, dass sie normalerweise nicht das Wort „bitte“ und nicht so häufig das Wort „danke“ benutzen. Das ist einfach Teil der Sprache und hat nichts mit mangelnder Höflichkeit zu tun. Im Gegenteil, man muss aufpassen, nicht aus Gewohnheit zu oft „danke“ zu sagen, da man sonst auf Unverständnis stößt.

Bitten

Mundithandize.
Sie-mir-helfen-bitte
Helfen Sie mir bitte!

Ndithandizani.
mir-helfen-Sie-Auff.
Helfen Sie mir (bitte).

Ndipatse buredi.
mir-gib-bitte Brot[5]
Gib mir bitte das Brot.

Lankhulani mosafulumira.
sprechen-Sie-bitte Umst.-nicht-eilen
Sprechen Sie bitte langsam.

Danken

Zikomo.
Danke.

Ndathokoza.
ich-soeben-danken
Ich danke Ihnen / dir.

Entschuldigen

Pepani.
Entschuldigung. / Es tut mir Leid.
(auch als Beileidsbekundung)

Auf **pepani** *als Beileidsbekundung antwortet man mit* **zikomo** *(danke).*

Usadandaule.
du-nicht-Sorgen-machen-bitte.
Mach dir keine Sorgen. (Macht nichts.)

Ndabwera kudzapepesa.
ich-soeben-kommen kommen-und-entschuldigen
Ich wollte mich entschuldigen.

Chosavuta.
von-nicht-problematisch
Kein Problem.

Palibe kanthu.
hier-ist-nicht kleines-Ding[8]
Kein Problem.

Das erste Gespräch

Wenn man durch die Straßen schlendert, wird man kaum um das eine oder andere nette Pläuschchen herumkommen.
Neben Fragen nach dem momentanen Ziel und der Herkunft können auch schon mal Fragen nach der Kirchzugehörigkeit, Familienangehörigen etc. gestellt werden.

Wem das zu langweilig wird, der überlegt sich am besten selber Fragen!

Muli bwanji amayi?
Sie-sind wie Frau[1]
Wie geht es Ihnen?
(zu einer Frau)

Muli bwanji abambo?
Sie-sind wie Herr[1]
Wie geht es Ihnen?
(zu einem Mann)

Das erste Gespräch

Ndili bwino. **Ndili bwino kaya inu?**
ich-bin gut *ich-bin gut ich-weiß-nicht Sie*
Mir geht es gut. Mir geht es gut, und Ihnen?

Mukuchokera kuti?
Sie-Geg.-kommen-von wo
Woher kommen Sie (jetzt gerade)?

Ndikuchokera kunyumba kwathu.
ich-Geg.-kommen-von zu-Hause[5/10] bei-uns
Ich komme von zu Hause.

Mukupita kuti? **Ndikupita kumsika.**
Sie-Geg.-gehen wo *ich-Geg.-gehen zum-Markt[5/10]*
Wohin gehen Sie? Ich gehe zum Markt.

Mbasi ndingoyendayenda.
genug ich-nur-gehen-gehen
Ich gehe einfach nur spazieren.

Ndikupita mutauni kukagula zinthu.
ich-Geg.-gehen in-Stadt gehen-und-kaufen Dinge[8]
Ich gehe in die Stadt, um einzukaufen.

Kodi msika ili kuti?
Entschuldigung Markt[5] er-ist wo
Entschuldigung, wo ist der Markt?

Ndikuperekezani.
ich-Sie-begleiten-Sie
Ich begleite Sie.

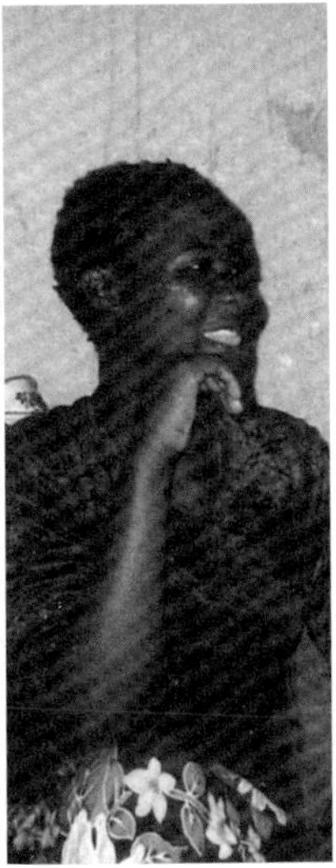

Mumachokera kuti?
Sie-gewöhnlich-kommen woher?
Woher kommen Sie (ursprünglich)?

Ndimachokera kuGermany.
ich-gewöhnlich-kommen aus-Deutschland[5/10]
Ich komme aus Deutschland.

Germany ili kuti?
Deutschland[5] es-ist wo
Wo ist Deutschland?

Ili kuEurope.
es-ist in-Europa[5/10]
Es ist in Europa.

Germany ndi kutalitu.
Deutschland[5] ist weit-wirklich
Deutschland ist weit weg.

Ee, zoona.
ja Wahrheit[3]
Ja, das ist wahr.

Munabwera liti kuMalawi?
Sie-Verg.-kommen wann nach-Malawi[5/10]
Wann sind Sie nach Malawi gekommen?

Ndinabwera muDecember chaka chatha.
ich-Verg.-kommen in-Dezember Jahr[3] soeben-beenden
Ich bin im Dezember vergangenen Jahres gekommen.

Auf die Frage nach dem Beruf hört man manchmal:

Mbasi kungokhala.
genug nur-leben
Nichts, ich bin einfach nur da (zu Hause).

Das heißt oft, dass derjenige arbeitslos ist.

Viele nehmen selbstverständlich an, dass man als Weißer Arzt oder Lehrer ist. Davon sollte man sich nicht verwirren lassen.

Ndine mphunzitsi.
bin-ich Lehrer
Ich bin Lehrer.

Nanga inu?
was-ist-mit Sie
Und Sie?

Ndimagwira kuchipatala.
ich-gewöhnlich-greifen in-Krankenhaus[3]
Ich arbeite im Krankenhaus.

Kodi mumaphunzitsa kuti?
Entschuldigung Sie-gewöhnlich-unterrichten wo
Wo unterrichten Sie?

Sindimaphunzitsa, ndine mlendo.
nicht-ich-gewöhnlich-unterrichten bin-ich Tourist[1]
Ich unterrichte nicht, ich bin Tourist.

Übrigens: Wenn man sich zur Begrüßung die Hand gibt, was man wie bei uns vor allem dann tut, wenn man sich schon kennt, ist es nichts Ungewöhnliches, wenn man eine ganze Weile so Händchen haltend beieinander steht, auf Chichewa: **mogwirana manja**. *Das hat aber nichts weiter zu sagen. Vor allem Männer sieht man oft Händchen haltend umher ziehen.*

Oho, muli mlendo.
Kusiya kuno, mukapita kuti?
ach-so Sie-sind Tourist[1]
verlassen hier Sie-Zuk.-gehen wo
Ach so, Sie sind also Tourist.
Wo werden sie von hier aus hingehen?

Ndikapitiriza kuMount Mulanje.
ich-Zuk.-fortfahren zu-Mount Mulanje[5/10]
Ich werde weiterreisen zum Mount Mulanje.

Mwayambakare kupita kuThyolo?
Sie-soeben-beginnen-schon gehen nach-Thyolo[5/10]
Waren Sie schon mal in Thyolo?

Ai, sindinayambe.
nein nicht-ich-beginnen
Nein, da war ich noch nie.

Mumadziwa Chichewa chabwino, wakuphunzitsani ndani?
Sie-gewöhnlich-wissen Chichewa[3] gut, er-soeben-Sie-unterrichten-Sie wer
Sie sprechen gut Chichewa, wer hat Ihnen das beigebracht?

Wandiphunzitsa mzanga.
er-soeben-mich-unterrichten mein-Freund[1]
Ein Freund hat mir das beigebracht.

Kulibe mphunzitsi, ndimawerenga buku laChichewa.
hier-ist-nicht Lehrer[1] ich-gewöhnlich-lesen Buch[4] von-Chichewa[3]
Ich habe keinen Lehrer, ich lerne aus einem Chichewabuch.

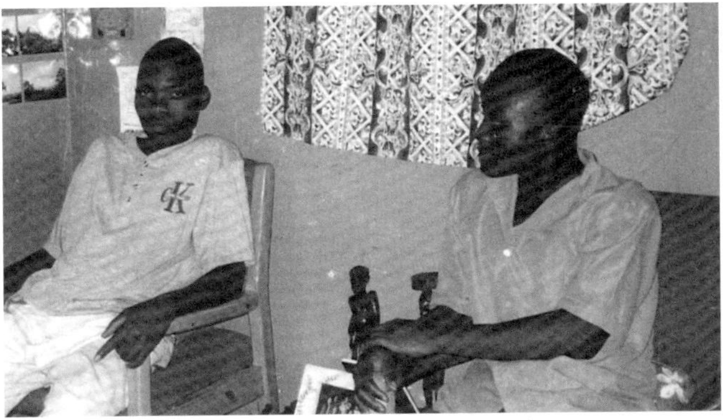

Kodi, dzina lanu ndani?
Entschuldigung Name[4] Ihr wer
Wie heißen Sie eigentlich?

Dzina langa ndi Emma, kaya inu?
Name[4] mein ist Emma ich-weiß-nicht Sie
Ich heiße Emma, und Sie?

Dzina langa ndi Vuto.
Name[4] mein ist Vuto
Ich heiße Vuto.

Muli ndi zaka zingati?
Sie-sind mit Jahre[3] wie-viele
Wie alt sind Sie?

Ndili ndi zaka 25 (twenty-five).
ich-bin mit Jahre[3] 25
Ich bin 25.

Muli ndi foni, Emma?
Sie-sind mit Telefon[4] Emma
Haben Sie ein Telefon, Emma?

Ai ndilibe.
nein ich-bin-ohne
Nein, ich habe keins.

Mukugona kuti?
Sie-Geg.-schlafen wo
Wo übernachten Sie?

Ndikugona pafupi ndi basi stesheni.
ich-Geg.-schlafen nah mit Bus[5] Bahnhof[5]
Ich übernachte in der Nähe des Bahnhofs.

Kupita kumsika, mukhote kuno. Tionana eti.
gehen zum-Markt[5/10] Sie-abbiegen-bitte hier wir-sehen-einander, gell
Zum Markt müssen Sie hier abbiegen, auf Wiedersehen.

Ee, tionana.
ja, wir-sehen-einander
Okay, auf Wiedersehen.

Zikomo.
danke
Danke.

Zu Gast sein

Wenn Sie während Ihres Aufenthaltes mit Einheimischen Kontakt pflegen, werden Sie sicher auch einmal zu jemandem nach Hause eingeladen. Diese Einladungen können Sie bedenkenlos annehmen, zumal es beiden Seiten meist sehr viel Spaß macht und man noch mehr von der Kultur erleben kann.

Vielleicht haben Sie auch einmal die Gelegenheit, selbst jemanden einzuladen.

Wenn man jemanden besucht, bringt man in der Regel ein **Gastgeschenk** mit. Dies könnten alltägliche Lebensmittel vom Markt sein oder etwas aus der eigenen Heimat oder sonst etwas Nützliches.

Der Vorteil von Lebensmitteln liegt darin, dass man sich selbst vielleicht wohler fühlt, wenn man dem evtl. armen Gastgeber nicht nur etwas wegisst, sondern auch selbst etwas zu essen mitbringt (das wird aber in der Regel nicht gemeinsam verzehrt, sondern aufgehoben).

Die **Gespräche** drehen sich zu Beginn meist um die Familie, den Beruf, ihre Herkunft, etc. Die Frage nach Geschwistern und Eltern kommt etwa in einem ähnlichen Kontext wie bei uns Gespräche über das Wetter.

Zu Gast sein

Odi!
Entschuldigung
Entschuldigung! (wenn man hereinkommt)

Dann werden die gewöhnlichen Begrüßungsfloskeln ausgetauscht.

Lowani! Ndikulandirani ndi manja awiri.
treten-ein-Sie ich-empfangen-Sie mit Händen[4] zwei
Herein! Ich begrüße Sie sehr herzlich.

Ndi mphatso yanu.
ist Geschenk[5] Ihrs
Ich habe ein Geschenk für Sie mitgebracht.

Awa ndi bambo wanga, awa ndi mayi.
dieser-hier ist Vater[1] mein, diese-hier ist Mutter[1]
Das ist mein Vater und das meine Mutter.

Uyo ndi mng'ono.
dieser-dort ist kleiner-Mensch[1]
Das ist mein kleiner Bruder / meine kleine Schwester.

Dzina lake ndi Chikondi.
Name[4] sein ist Chikondi
Er (sie) heißt Chikondi.

Uli bwanji Chikondi?
du-bist wie Chikondi
Wie geht es dir, Chikondi?

Ndili bwino kaya inu?
ich-bin gut ich-weiß-nicht Sie
Mir geht es gut, und Ihnen?

Ndili bwino.
ich-bin gut
Mir geht es gut.

Zikomo.
danke
Danke.

Akupanga manyazi.
sie-Geg.-machen Schüchternheit
Sie ist schüchtern.

Kunyumba kuli bwanji?
zu-Hause[5/10] dort-ist wie
Wie geht es zu Hause?

Kuli bwinotu.
dort-ist gut-wirklich
Alles bestens.

Mukutani kuMalawi?
Sie-Geg.-machen-was in-Malawi[5/10]
Was machen Sie hier in Malawi?

mukutani *ist die Kurzform für* **mukupanga chiyani**.

Ndine mlendo.
bin-ich Tourist[1]
Ich bin Tourist.

Ndimaphunzitsa pasukulu.
ich-gewöhnlich-unterrichten an-Schule[5/10]
Ich unterrichte an einer Schule.

Ku-Malawi, mumakhala kuti?
in-Malawi[5/10] *Sie-gewöhnlich-leben wo*
Wo wohnen Sie in Malawi?

Muliko ana angati kwanu?
Ihr-seid-dort Kinder[1] *wie-viele bei-euch-zu-Hause*[5/10]
Wie viele Geschwister haben Sie?
(Sie eingeschlossen)

Inuyo ndi wachingati?
Sie-selbst sind der-wievielte
Der wievielte sind Sie?

Ndine wachiwiri / watsogolo / womaliza.
bin-ich zweiter / von-vorne / von-beenden
Ich bin der/die zweite/ erste / letzte.

Muli ndi ana?
Sie-sind mit Kinder[1]
Haben Sie Kinder?

Ai, ndilibe ana.
nein, ich-bin-ohne Kinder[1]
Nein, ich habe keine Kinder.

Sindinakwatirabe.
nicht-ich-Verg.-heiraten-noch
Ich bin noch nicht verheiratet.

Ndikuphunzirabe.
ich-Geg.-studieren-noch
Ich studiere noch.

Ee, ndili nawo.
ja ich-bin mit-ihnen
Ja, ich habe Kinder.

Muli ndi ana angati?
Sie-sind mit Kinder[1] *wie-viele*
Wie viele Kinder haben Sie?

Zu Gast sein

Was bei uns schon fast eine Großfamilie ist, erscheint in Malawi beinahe unglaublich wenig und ruft manchmal noch Erstaunen hervor.

Ndili ndi ana atatu.
ich-bin mit Kinder[1] drei
Ich habe drei Kinder.

Atatu okha mbasi?
drei nur nur
Nur drei?!

Wamkazi, wamwamuna?
weiblich, männlich?
Mädchen oder Jungs?

Maina awo ndani?
Namen ihre wer
Wie heißen sie?

Auch wenn man nicht gläubig ist, wird man in Malawi des öfteren über Gott und die Kirche reden. Die Frage nach der Konfession ist von hoher Bedeutung. Man wird auch oft von nahezu Unbekannten danach gefragt.

Mumakhulupirira ambuye?
Sie-gewöhnlich-glauben Gott[1]
Glauben Sie an Gott?

Mumapemphera kuti?
Sie-gewöhnlich-beten wo
Wo beten Sie? (Welcher Kirche gehören Sie an?)

Tidyeni.
wir-essen-Auff.
Lasst uns essen!

Ndizipita. Zikomo kwambiri chakudya.
ich-sollen-gehen danke viel Essen[3]
Ich sollte jetzt gehen. Vielen Dank für das Essen.

In Malawi ist es üblich, den Gast ein Stück auf seinem Heimweg zu begleiten. Das kann auch mal bis kurz vor die eigene Haustür sein.

Ndikuperekezeni.
ich-Sie-begleiten-Auff.-Sie
Ich begleite Sie noch ein Stück.

Unterwegs ...

Verglichen mit anderen Ländern Ostafrikas wird man in Malawi vergleichsweise wenig angebettelt. Trotzdem wird man in größeren Städten unumgänglich mit der Armut konfrontiert. Kindern gegenüber sollte man sich entschieden geben, da diese oft lieber auf der Straße betteln, als in die Schule zu gehen. Erwachsenen gegenüber sollte man auf jeden Fall höflicher sein und bedenken, dass sie nicht wie die Bettler bei uns leben, sondern oft wirklich auf die Gaben von Mitbürgern angewiesen sind. Dennoch sollte man sich nicht verpflichtet fühlen, immer allen etwas zu geben.

Ndipatsani ndalama!
mir-geben-Sie-Auff. Geld[5]
Geben Sie mir bitte Geld.

Oft auch auf Englisch: **Give me five kwacha!** *oder* **Give me money!**

Ai, ndilibe.
nein ich-bin-ohne
Nein, ich habe keins.

Please!
bitte
Bitte!

Mbasi!
genug
Genug jetzt!

Ndikufuna five kwacha mbasi.
ich-Geg.-wollen fünf Kwacha nur
Ich möchte nur fünf Kwacha.

Iwe, ndilibe ndalama, ndisiye!
du, ich-bin-ohne Geld[5] *mich-verlasse*
Ich habe kein Geld, lass mich bitte in Ruhe.

Normalerweise sind die Menschen in Malawi sehr höflich und freundlich, doch kann es unter Umständen gerade in größeren Städten vorkommen, dass man etwas spöttisch behandelt wird. Mit der „richtigen" Antwort auf solche Sprüche kann man sich aber Respekt oder zumindest Sympathie verschaffen!

Inu, ndilibe ndalama, ndisiyani!
ihr, ich-bin-ohne Geld[5] mich-verlasst-bitte
Ich habe kein Geld, lasst mich bitte in Ruhe.

Auf den häufigen Nachruf **Hey Sister!** kann man zum Beispiel reagieren mit:

Sindine mlongo wako!
nicht-bin-ich Schwester[1] deine
Ich bin nicht deine Schwester!

Oder auf das gewiss nicht böse gemeinte, aber durch die Häufigkeit doch manchmal nervenaufreibende **Mzungu!** (Weißer!) kann man zum Beispiel antworten:

Mzungu iweyo! oder **Wakuda!**
Weißer[1] du-selbst / *Schwarzer[1]*
Selber Weißer! / Schwarzer!

Nach dem Weg fragen

Msika ili kuti?
Markt[5] er-ist wo
Wo ist der Markt?

Ndi kutali?
ist weit
Ist es weit?

Ai, ndi pafupi.
nein ist nah
Nein, es ist in der Nähe.

Ndiyende bwanji?
ich-gehen-Auff. wie
Wie komme ich dorthin?

Tengani msewu uwu mpaka mufika ku-filling-stesheni.
nehmen-Sie-bitte Straße[2] diese bis Sie-ankommen bei-Tankstelle[5]
Folgen sie dieser Straße bis zur Tankstelle.

Mukhotere kumanja.
Sie-abbiegen-bitte nach-rechts
Biegen Sie nach rechts ab.

Mukhotere kumanzere.
Sie-abbiegen-bitte nach-links
Biegen Sie nach links ab.

Muyende mosakhota.
Sie-gehen-bitte Umst.-nicht-abbiegen
Gehen Sie geradeaus.

Mulowe mumsika moyang'ana ndi Commercial Bank.
Sie-eintreten-bitte in-Markt[5] gegenüber mit Commercial Bank
Der Eingang des Marktes ist gegenüber der Commercial Bank.

Mwana wanga akakuperekezani.
Kind[1] mein es-gehen-und-Sie-begleiten-Sie
Mein Kind begleitet Sie.

Wenn Unbekannte einem den Weg zeigen, kann man ihnen dafür etwas Geld geben.

Kufika ku-chipatala ndikhoza kuyenda pansi?
ankommen zu-Krankenhaus[3] ich-können gehen unten
Kann ich zum Krankenhaus zu Fuß gehen?

Ai, ndi kutali, mutenge minibasi.
nein ist weit Sie-nehmen-bitte Minibus[5]
Nein, es ist zu weit, nehmen Sie einen Minibus.

Mit dem Taxi

Taxis haben für Fahrten innerhalb der Stadt meistens einen Einheitspreis. Diesen sollte man vor der Fahrt aushandeln.

Es lohnt sich auch manchmal, sich im Voraus bei Freunden oder Bekannten oder im Hotel nach dem üblichen Preis zu erkundigen.

Area 25 *ist ein Stadtteil von Lilongwe.*

Mundinyamule mpakana area 25.
Sie-mich-transportieren-bitte bis Area 25
Bitte bringen Sie mich nach Area 25.

Ndi ndalama zingati?
ist Geld[5] wieviel
Wieviel kostet das?

Kupita kuLiwonde National Park ndilipire ndalama zingati?
gehen nach-Liwonde National Park ich-bezahlen-Auff. Geld[5] wieviel
Was kostet es zum Liwonde National Park?

Kulowa kuNational Park kuzungulira tsiku lonse, ndi ndalama zingati?
eintreten in-National Park umhergehen Tag[4] ganzer ist Geld[5] wieviel
Wieviel kostet es, in den Nationalpark zu fahren und dort den ganzen Tag umherzufahren?

Manche Fahrer rasen, als wäre der Teufel hinter ihnen her. Um Unfälle zu vermeiden, und auch um die eigene Lebenserwartung nicht unnötig zu senken, kann man sie bitten, langsam zu fahren:

Yendani mosamala!
gehen-Sie-Auff. Umst.-Acht-geben
Bitte fahren Sie vorsichtig!

Yendani mosafulumira kuti tifike bwino.
gehen-Sie-Auff. Umst.-nicht-eilen damit wir-ankommen-Auff. gut
Bitte fahren Sie langsam, damit wir sicher ankommen.

Tafika.
wir-soeben-ankommen
Wir sind da.

Nditsike apa pa-mtengo waukulu uwu.
ich-aussteigen-Auff. da bei-Baum[2] groß dieser
Ich steige bei dem großen Baum da aus.

Mit dem Bus

Busse sind das gängigste Verkehrsmittel in Malawi und Sambia. Auch für Touristen empfehlen sie sich, da man auf Busfahrten wunderbar mit einheimischen in Kontakt kommt, die lokale Wirtschaft unterstützt und einfach das Land erleben kann. Die Gegend ist gut mit Bussen erschlossen, so dass man quasi überall hinkommt. Es gibt zwei Arten von

Bussen, die großen Reisebusse wie die **Shire**-Busse in Malawi oder die **Zamtel**-Busse in Sambia, und die kleinen privaten Minibusse. Letztere sind nicht organisiert.

Das Reisen in großen Bussen ist sicherer, doch fahren diese nicht so häufig und verkehren zudem nur auf den Hauptverkehrsstrecken. Die großen Busse haben einen Fahrplan und zentrale Büros mit Auskunft und Ticket-Verkauf.

Die kleinen Minibusse dagegen bezahlt man auf der Fahrt. Sie fahren nicht zu bestimmten Zeiten los, sondern dann, wenn sie voll (ganz voll) sind. Auch die Minibusse halten nur an bestimmten Haltestellen, aber man kann auch fragen, ob man unterwegs irgendwo rausgelassen wird. In Bussen wird in der Regel nicht über den Preis verhandelt.

Mit dem großen Bus

Kuli basi kupita kuLusaka?
hier-ist Bus^{5} *gehen nach-Lusaka*$^{5/10}$
Gibt es einen Bus nach Lusaka?

Imanyamuka nthawi yanji?
er-gewöhnlich-aufbrechen Zeit^{5} *welche*
Wann fährt er ab?

Imayenda tsiku lililonse?
er-gewöhnlich-gehen Tag^{4} *jeden*
Fährt er täglich?

Ee, imayenda katatu patsiku lililonse.
ja er-gewöhnlich-gehen dreimal am-Tag[4] jeden
Ja, er fährt dreimal täglich.

M'mawa pa-five koroko, masana pa-twelve koroko, komanso madzulo pa-five koroko.
am-Morgen um-fünf Uhr mittags um-zwölf Uhr aber-auch am-Abend um-fünf Uhr
Morgens um 5.00 Uhr, mittags um 12.00 Uhr und abends um 17.00 Uhr.

Tiketi bwanji, ndiigule pati?
Ticket[4] wie ich-es-kaufen-Auff. wo
Wo kann ich ein Ticket kaufen?

Mundisungire tiketi, ndidzalipira nthawi mawa.
Sie-mir-halten-bitte Ticket[4] ich-werde-bezahlen Zeit[5] morgen
Bitte reservieren Sie mir ein Ticket, ich werde es morgen bezahlen.

Ndikufuna kuguliratu tiketi yamawa.
ich-Geg.-wollen kaufen-schonmal Ticket[4] für-morgen
Ich möchte ein Ticket für morgen kaufen.

Ndigule tiketi pastogolo?
ich-kaufen-Auff. Ticket[4] im-Voraus
Muss ich das Ticket im Voraus kaufen?

Ee, mugule pano, musanakwere basi ija.
ja Sie-kaufen-bitte hier Sie-bevor-einsteigen Bus[5] jenen
Ja, kaufen Sie es hier, bevor Sie einsteigen.

Ai, mulipirire mubasi.
nein Sie-bezahlen-bitte im-Bus[5]
Nein, bezahlen Sie im Bus.

Basi yopita kuLilongwe imanyamuka pati?
Bus[5] von-gehen nach-Lilongwe[5/10] er-gewöhnlich-aufbrechen wo
Wo fährt der Bus nach Lilongwe ab?

Kodi, mukupita kuti?
Entschuldigung Sie-gehen wohin
Entschuldigung, wohin fahren Sie?

Kodi basi iyi imapita kuBlantyre.
Entschldigung Bus[5] dieser er-gewöhnlich-gehen nach-Blantyre[5/10]
Entschuldigung, fährt dieser Bus nach Blantyre?

Ndikhale pansi kulikonse?
ich-bin-Auff. unten irgendwo
Kann ich mich irgendwo hinsetzen?

Kodi, ndikhale apa?
Entschuldigung ich-bin-Auff. hier
Kann ich mich hierhin setzen?

mit dem Minibus

Kodi mukupita kuti?
Entschuldigung Sie-Geg.-gehen wohin
Entschuldigung, wohin fahren Sie?

Tipita kuLimbe.
wir-gehen nach-Limbe[5/10]
Wir fahren nach Limbe.

Mumaimanso pa ...?
Sie-gewöhnlich-halten-auch bei
Halten Sie auch in/ bei ...

Nditsikire kuti kufika kuchipatala?
ich-aussteigen-Auff. wo ankommen zum-Krankenhaus[3]
Wo muss ich aussteigen, um zum Krankenhaus zu kommen?

Mulibe ndalama zazing'ono?
Sie-sind-ohne Geld[5] klein
Haben Sie kein Kleingeld?

Ai, ndili ndi fifty Kwacha zosasintha.
nein ich-bin mit 50 Kwacha von-nicht-wechseln
Nein, ich habe nur einen 50-Kwacha-Schein.

Katundu bwanji?
Gepäck[5] wie
Was ist mit dem Gepäck?

Nditsike.
ich-aussteigen-Auff.
Ich möchte bitte aussteigen.

Da die Minibusse nicht planmäßig fahren, halten sie auch nur auf Wunsch. Daher muss man dem Fahrer oder dem Kontrolleur vor der gewünschten Haltestelle mitteilen, dass man aussteigen möchte.

Mit dem Auto

Vorsicht: Es sind fast überall Fußgänger auf der Straße!

Die Straßenqualität ist sehr unterschiedlich, sie reicht von sehr gut bis „nicht als Straße erkennbar“. Wo immer man fährt, sollte man dies sehr aufmerksam tun, weil die Minibusse oft unvorsichtig fahren und dadurch viele Unfälle verursachen.

Zudem sollte man stets gut ausgestattet sein mit Ersatzteilen, Werkzeug, genug Benzin, Öl, etc., da im Notfall die Versorgung nicht überall ausreichend ist.

Ndikufuna kuhaya galimoto.
ich-Geg.-möchte mieten Auto[4]
Ich möchte ein Auto mieten.

Ndikhoza kupanga haya galimoto kuti?
ich-können machen Mieten Auto[4] wo
Wo kann ich ein Auto mieten?

Kodi, garage ili kuti?
Entschuldigung Werkstatt[5] sie-ist wo
Entschuldigung, wo ist hier eine Werkstatt?

Mu-engine mulibe mafuta wokwanira.
im-Motor[5/10] darin-ist-ohne Öl[4] genügend
Im Motor ist zu wenig Öl.

Dzadzani thanki.
füllen-Sie-bitte Tank[5]
Volltanken, bitte!

Ndikufuna petulo ya 300 Kwacha.
ich-Geg.-wollen Benzin[5] für 300 Kwacha
Ich möchte Benzin für 300 Kwacha.

Kodi, ndikhoza kutenga petulo mugaloni?
Entschuldigung ich-können nehmen Benzin[5] in-Kanister[4/10]
Kann ich Benzin im Kanister mitnehmen?

Mukonze galimoto.
Sie-reparieren-bitte Auto[4]
Reparieren Sie bitte das Auto.

Muthire madzi muradiator.
Sie-gießen-bitte Wasser[4] in-Kühler
Bitte füllen Sie Kühlwasser nach.

Mumathayala mulibe mpweya wokwanira.
in-Reifen[4] darin-ist-ohne Luft[5] genügend
In den Reifen ist zu wenig Luft.

Ndipope mathalaya.
ich-aufpumpen-Auff. Reifen[4]
Ich möchte die Reifen aufpumpen.

Tinachita ngozi.
wir-Verg.-machen Unfall[5]
Wir hatten einen Unfall.

Bureki inaonongeka.
Bremse[4] sie-Verg.-kaputt-sein
Die Bremsen waren kaputt.

Anagunda mtengo.
er-Verg.-stoßen Baum[2]
Er ist in einen Baum geprallt.

thayala	Rad / Reifen
buleki	Bremse
thanki	Tank
mpweya	Luft
peturo	Benzin
mtunda	Entfernung
ngolo	Anhänger
lita	Liter
galoni	Kanister
ngozi	Unfall
-dzadza	ganz auffüllen
-onera	nachgucken
-phwa	entleeren
-popa	aufpumpen
mosamala	rücksichtsvoll, aufmerksam
mosasamala	rücksichtslos, unvorsichtig

Auf Safari

In Nationalparks hat man an sich wenig mit Menschen zu tun. Wenn man aber mit einer Safari-Organisation auf Reisen geht, ist man meist in Begleitung einheimischer Fahrer, Köche und Führer. Daher kann man auch hier sein Chichewa anwenden. Auch für Alleinreisende gibt es im Zusammenhang mit der Organisation immer wieder Gelegenheiten, in denen Chichewa-Kenntnisse sehr nützlich sein können.

Tiere

chipembere	Nashorn
fisi	Hyäne
kakowa	Kranich
kamba	Schildkröte
kambuku	Leopard
liphango	Warzenschwein
mbalame	Vogel
mbulu	Schakal
mkango	Löwe
mvuu	Nilpferd
njuzi	Wildkatze (allgemein)
nadzikambe	Chamäleon
nakodzwe	Wasserbock
ngoma	Kudu
ng'ona	Krokodil
nguruwe	Wildschwein
njati	Büffel

njoka	Schlange
nsato	Python
njovu	Elefant
nswala	Giraffe
nyala	Impala-Antilope
nyalubwe	Gepard, Leopard
nyani	Affe
nyumbu, ngongoni	Gnu
thumba	Schwein
mbidzi	Zebra

Sonstiges

nkhalango	Wald
mtengo	Baum
mtengo wamalambe	Baobab
bwemba	Tamarind
mathithi	Wasserfall
dambo	Sumpf
mtsinje	Fluss
ngwala	Tierfährte/ -trampelpfad

Tikufuna kupita kuGame ndi anthu atatu mawa.
wir-Geg.-wollen gehen nach-Nationalpark mit Menschen[1] *drei morgen*
Wir möchten morgen mit drei Personen auf Safari gehen.

Mukufuna kupita kwasafari kuti?
Sie-Geg.-möchten gehen auf-Safari[5] *wo*
Wohin möchten Sie auf Safari gehen?

Kumene tikhoza kuyang'ana nyama bwino ndi kuti?
der-Ort-welcher wir-können beobachten Tiere[5] *gut ist wo*
Wo können wir gut Tiere beobachten?

Kuli anthu angati amene akufuna kupita kwasafari iyo?
hier-sind Menschen[1] *wie-viele welche sie-Geg.-möchten gehen auf-Safari*[5] *jene*
Wie viele Personen möchten mit auf diese Safari gehen?

Ndilipire ndi Kwacha kapena US Dollar?
ich-zahlen-Auff. mit Kwacha oder US Dollar
Soll ich in Kwacha oder US-Dollar zahlen?

Kodi, kukuopa kutsikira galimoto kuno?
Entschuldigung hier-Geg.-gefährlich-sein aussteigen Auto[4] *hier*
Ist es gefährlich, hier auszusteigen?

Tikhoza kuyenda pansi?
wir-können gehen unten
Können wir zu Fuß gehen?

Ndilibe galimoto.
ich-bin-ohne Auto[4]
Ich habe kein Auto.

Ndikufuna munthu amene adziwa kwambiri za nyama komanso za zomera.
ich-Geg.-suchen Mensch[1] *welcher er-weiß viel über Tiere*[5] *aber-auch über Pflanzen*[3]
Ich suche jemanden, der viel über Tiere und Pflanzen weiß.

Übernachten

Die meisten Übernachtungsmöglichkeiten sind sehr einfach und sehr billig. Es gibt aber auch alle Klassen höheren Niveaus bis hin zu sehr teuren Hotels mit internationalem Standard. In letzteren wird vorwiegend Englisch gesprochen. Will man das Land kennen lernen, empfehlen sich die billigen Rest- und Guesthouses der unteren Preisklasse. Diese findet man im ganzen Land, auch in weniger besuchten Gebieten.

Neben ein paar Chichewa-Kenntnissen sind in billigen Unterkünften oft auch eigene Moskitonetze ratsam, da die vorhandenen, so es sie gibt, oft löchrig sind. Dafür trifft man hier aber Einheimische und ist nicht unnötig hinter hohen Mauern von der Umwelt abgeschottet.

Muli ndi malo?
Sie-sind mit Platz
Haben Sie ein Zimmer frei?

Muli ndi rumu yamunthu m'modzi?
Sie-sind mit Zimmer[4] von-Mensch[1] ein
Haben Sie ein Zimmer für eine Person?

Muli ndi rumu yaanthu awiri?
Sie-sind mit Zimmer[4] von-Menschen[1] zwei
Haben Sie ein Zimmer für zwei Personen?

Mumapanga bwanji pa-rumu?
Sie-gewöhnlich-machen wie für-Zimmer[4]
Wieviel kostet ein Zimmer?

Tikufuna aliyense rumu yake yake.
wir-Geg.-möchten jeder Zimmer[4] seiner seiner
Wir hätten gerne Einzelzimmer.

Tikufuna marumu awiri-awiri.
wir-Geg.-möchten Zimmer[4] zwei-zwei
Wir hätten gerne Doppelzimmer.

Mundisungire marumu awiri.
Sie-mir-halten-bitte Zimmer[4] zwei
Ich möchte zwei Zimmer reservieren.

Kuli ndi madzi otentha kusamba?
dort-ist mit Wasser[4] heiß duschen
Gibt es heißes Wasser zum Duschen?

Muli toilet murumu?
darin-ist Toilette[4] im-Zimmer[4]
Hat das Zimmer eine Toilette?

Muli ndi foni?
Sie-sind mit Telefon[4]
Haben Sie ein Telefon?

Tingathe kufika nthawi iliyonse?
wir-können-können ankommen Zeit[5] irgendeine
Können wir zu jeder Zeit anreisen?

Katundu ndiike kuti?
Gepäck[5] ich-abstellen-Auff. wo
Wo kann ich mein Gepäck lassen?

Mtengo warumu ukupatikizanso chakudya chilichonse?
Preis[2] von-Zimmer[4] er-Geg.enthalten-auch Essen[3] irgendein
Sind auch Mahlzeiten im Preis enthalten?

Mumaphika muresthouse mwamuno?
Sie-gewöhnlich-kochen im-Gasthaus von-hier
Gibt es in diesem Gasthaus etwas zu essen?

Mumatseka nthawi yanji usiku?
Sie-gewöhnlich-schließen Zeit[5] welche nachts
Um wie viel Uhr schließen Sie abends?

Tilipiretu kapena pochoka?
wir-bezahlen-Auff.-schon-mal oder während-verlassen
Sollen wir jetzt schon bezahlen
oder wenn wir abreisen?

Alendo amachoka murumu nthawi yanji?
Gäste[1] sie-gewöhnlich-verlassen
im-Zimmer[4] Zeit[5] welche
Wann sollen wir auschecken?

Kuli mlonda?
hier-ist Nachtwächter[1]
Gibt es einen Nachtwächter?

Kulibe magetsi.
hier-ist-nicht Strom[4]
Es gibt keinen Strom.

Auf dem Land

Wie wahrscheinlich überall auf der Welt zeichnen sich die ländlichen Gebiete dadurch aus, dass sie konservativer und traditioneller sind als die Städte. Das drückt sich auch in der Sprache aus. Hier wird weniger abgekürzt und es werden weniger englische Fremdwörter verwendet.

Höflichkeit ist hier besonders wichtig. Vor allem ältere Leute verwenden höflichkeitshalber oft „wir“ statt „ich“!

Mwaswera bwanji?
Sie-soeben-den-Tag-verbringen wie
Wie geht es Ihnen (heute Nachmittag/ Abend)?

Ndaswera bwino, kaya inu?
ich-soeben-den-Tag-verbringen gut ich-weiß-nicht Sie
Gut, und Ihnen?

Ifenso taswera bwino.
wir-auch wir-soeben-den-Tag-verbringen gut
Auch gut.

Zikomo.
Danke.

Kodi nyumba ya-Ambewe ndi iti?
Entschuldigung Haus[5] von-Herr/Frau[1]-Mbewe ist welches
Welches ist das Haus von Herrn/ Frau Mbewe?

Ndi iyi, pambali pamtengo yamango.
ist dieses neben von-Baum[2] von-Mango[4]
Es ist das da neben dem Mangobaum.

Ndi nyumba yofiira iyi.
ist Haus[5] rot dieses
Es ist dieses rote Haus.

Aphiri amakhala kuti?
Herr/Frau-Phiri[1] er/sie-gewöhnlich-leben wo
Wo wohnt Herr / Frau Phiri?

Amakhala uko, kumbuyo kwaminda iyo.
er-gewöhnlich-leben dort hinter von-Feld[2/10] jenes
Er wohnt da drüben hinter dem Feld.

Ndikuonetseni nyumba yake.
ich-Ihnen-zeigen-Auff.-Ihnen Haus[5] sein
Lassen Sie mich Ihnen sein Haus zeigen.

Ndikufuna mfumu wamudzi uno.
ich-Geg.-suchen Chef[1] von-Dorf[2] dieses
Ich suche den Dorfchef.

Kodi mfumu, ndife alendo ...
Entschuldigung Chef[1] ich-bin Tourist[1] / wir-sind Touristen[1] ...
Entschuldigen Sie (Herr Dorfchef), wir sind Touristen ...

Tinachokera kuGermany ...
wir-Verg.-kommen-von aus-Deutschland[5/10] ...
Wir kommen aus Deutschland ...

Ndilowe mumudzi mwanu kungoyang'ana mudzi, komanso kucheza ndi anthu?
ich-eintreten-Auff. in-Dorf[2/10] Ihres nur-sehen Dorf[2] aber-auch unterhalten mit Menschen[1]
Kann ich in Ihr Dorf kommen, um es mir anzusehen und mich ein bisschen zu unterhalten?

Ee, lowani. Ndikulandirani ndi manja awiri.
ja eintreten-Sie-Auff. ich-Sie-empfangen mit Händen[4] zwei
Ja, treten Sie ein, herzlich willkommen.
(ich empfange Sie mit beiden Händen)

Ai, sindilola. Mupitirize ulendo.
nein nicht-ich-erlauben Sie-fortfahren-bitte Reise[6]
Nein, das will ich nicht, gehen Sie bitte weiter.

Yendani bwino.
gehen-Sie-Auff. gut
Gute Reise.

Tsalani bwino.
bleiben-Sie-Auff. gut
Auf Wiedersehen (bleiben Sie gut).

Kodi kuli anthu amene angalankhula Chichewa?
Entschuldigung hier-sind Menschen[1] welche sie-können-sprechen Chichewa[3]
Gibt es hier jemanden, der Chichewa spricht?

Kodi, amakhala anthu angati kumudzi kuno?
Entschuldigung, sie-gewöhnlich-leben Menschen[1] wie-viele im-Dorf[2/10] hier
Wie viele Einwohner hat dieses Dorf?

Im Vorbeigehen

Moni abambo, kukutenthatu!
Guten-Tag Herr[1] hier-Geg.-heiß-sein-wirklich
Guten Tag, es ist sehr heiß!

Kodi mumalima chiyani?
Entschuldigung Sie-gewöhnlich-anbauen was
Was bauen Sie an?

Kodi nthaka ndi yabwino?
Entschuldigung Boden[5] ist gut
Ist die Bodenqualität gut?

Ai, ndi yolimba, muli miyala yambiri.
nein ist hart darin-sind Steine[2] viele
Nein, er ist hart und es gibt viele Steine.

Ee, ndi nthaka yachonde.
ja ist Boden[5] fruchtbar
Ja, er ist fruchtbar.

Mukubzala chiyani amayi?
Sie-Geg.-aussäen was Frau[1]
Was säen sie da aus (Frau)?

Es kann gut vorkommen, das man scherzhaft aufgefordert wird:

Tithandizani!
uns-helfen-Sie-Auff.
Helfen Sie mit!

Das ist zwar nicht ernst gemeint, wenn man aber gerade nichts Besseres zu tun hat, kann man einwilligen und einfach ein bisschen mit anpacken. Damit wird man auf jeden Fall für Erheiterung sorgen und beide Seiten werden ihren Spaß haben.

Chabwino, mundipatse khasu.
gut Sie-mir-geben-bitte Hacke[4]
Okay, geben Sie mir eine Hacke.

Gerade die älteren Leute auf dem Land sind, wie auch in Deutschland, manchmal nicht so gut zu verstehen. Wenn es gar nicht mehr geht, helfen nur noch mit einem Lächeln verbundene Zustimmung und Anteilnahme:

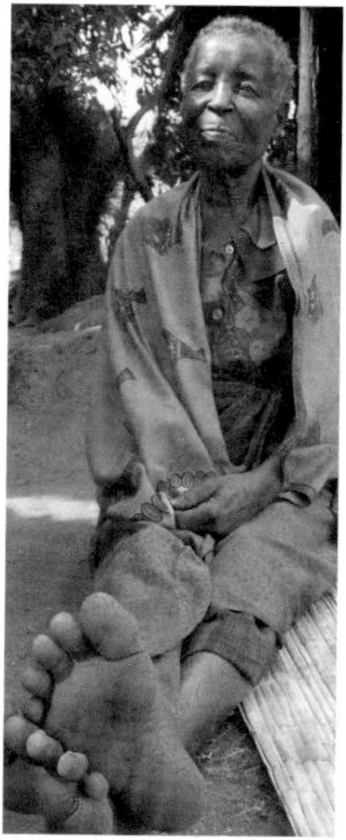

Ohoo?!
(Anteilnahme im Sinne von: Ach wirklich?!), dabei wird das mittlere „o" betont und höher ausgesprochen.

Chabwino.
Okay. (Zustimmung)

Die Wege trennen sich mit den Worten:

Ndizipitiriza ulendo.
ich-sollte-fortfahren Reise[6]
Ich muss jetzt weiter.

Yendani bwino.
gehen-Sie-Auff. gut
Gute Reise.

Tsalani bwino.
bleiben-Sie-Auff. gut
Auf Wiedersehen!

Häufig wird man auf der Wanderschaft auch Weggenossen für einen Streckenabschnitt bekommen, die sich einem mit den folgenden Worten anschließen:

Ndikuperekezeni.
ich-Sie-begleiten-Auff.-Sie
Ich begleite Sie noch ein Stück.

Essen und Trinken

Kommt jemand während des Essens zu Besuch, wird er oder sie begrüßt mit

Das Wort **karibu** *kommt aus dem Kisuaheli, wo es „willkommen" heißt. Im Chichewa wird es aber etwas zweckentfremdet verwendet.*

Karibu.
Greif zu!

Timwe tii!
wir-trinken-Auff. Tee[5]
Lasst uns Tee trinken!

„Tee trinken" bedeutet nicht nur Tee zu trinken, sondern auf jeden Fall auch etwas zu essen. Dies ist besonders als Gastgeber wichtig zu wissen, da es einem sonst passieren kann, dass die Gäste komisch reagieren, da „die linke Hand leer ist".

Muli ndi njala?
Sie-sind mit Hunger[5]
Haben Sie Hunger?

Muli ndi ludzu?
Sie-sind mit Durst[5]
Haben Sie Durst?

Ndadyakare.
ich-soeben-essen-schon
Ich habe schon gegessen.

Ndakhuta.
ich-soeben-sattwerden
Ich bin satt.

Nach dem Essen bedankt man sich, zum Beispiel mit:

Ndakhuta chifukwa cha chakudya chabwino.
ich-soeben-satt-werden Grund[3] *von Essen*[3] *gut*
Ich bin satt geworden.
(=Vielen Dank für das gute Essen.)

Im Restaurant

Wenn man in größere, vornehmere Restaurants zum Essen geht, wird man meist gleich auf Englisch begrüßt. Trotzdem kann es auch hier nicht schaden, all seine Chichewa-Kenntnisse zum Besten zu geben. Besonders wichtig sind diese aber in den viel verbreiteteren kleinen Restaurants, Imbissbuden, Garküchen etc. Zwar käme man hier eigentlich auch mit Gebärdensprache ganz gut durch, da es, entgegen der reichhaltigen Speisekarten, meist nur ein Gericht gibt. Bei Getränken gibt es aber meist doch eine kleine Auswahl. Trotzdem ist es höflich und nett, sich etwas unterhalten zu können. Außerdem wünscht man ja manchmal noch einige Informationen.

Auch im Restaurant sollte man nicht gleich mit der Tür ins Haus fallen, sondern erst mal die allgemeinen Begrüßungsfloskeln austauschen!

Ndikufuna nsima ndi nkhuku.
ich-Geg.-wollen Nsima[5] *und Huhn*[5]
Ich hätte gerne Nsima mit Huhn.

Pepani, nsima yatha.
Entschuldigung Nsima[5] *es-soeben-beenden*
Tut mir leid, aber Nsima ist alle.

Chabwino, mundibweretsere mpunga.
gut Sie-mir-bringen-bitte Reis[2]
Okay, bringen Sie mir bitte Reis.

Mpunganso watha.
Reis[2]*-auch er-soeben-beenden*
Reis ist leider auch alle.

Muli ndi chiyani?
Sie-sind mit was
Was haben Sie?

Ndili ndi chipisi ndi mazira.
ich-bin mit Pommes[4] und Eier[4]
Ich habe Pommes und Eier.

Chabwino, nditenge izi.
gut ich-nehmen-Auff. diese
Okay, das nehme ich.

Muli ndi chakumwa chiyani?
Sie-sind mit Getränk[3] welches
Welche Getränke haben Sie?

Chakudya popanda nyama chiliko?
Essen[3] ohne Fleisch[5] es-ist-hier
Haben Sie auch Gerichte ohne Fleisch?

Ndikufuna madzi osamba m'manja.
ich-Geg.-wollen Wasser[4] von-waschen darin-Hände[4]
Ich hätte gerne Wasser zum Händewaschen.

Mukufuna soda kapena mowa kapena tii?
Sie-Geg.-wollen „Soda"[5] oder Bier[5] oder Tee[5]
Wollen Sie etwas Nichtalkoholisches, Bier oder Tee?

Ndikufuna soda.
ich-Geg.-wollen „Soda"[5]
Ich möchte bitte etwas Nichtalkoholisches.

Frauen sollten in der Öffentlichkeit auf Alkohol verzichten, da das etwas anrüchig ist.

Tili ndi Sobo, Coke ndi Fanta.
wir-sind mit Sobo[5], Cola[5] und Fanta[5]
Wir haben Sobo, Cola und Fanta.

mowa	Bier, Alkohol
Chibuku, Napolo	Maisbierarten
sobo	Softdrinks von Sobo
mkaka	Milch
kofi	Kaffee
tii	Tee
madzi	Wasser

mowa *ist eigentlich das lokale Bier, wird aber allgemein für alkoholische Getränke verwendet.* **soda** *steht für alle nichtalkoholischen Getränke.* **Sobo** *steht für „Southern Bottelers" und ist die Alternative zu den Coca-Cola-Getränken.*

Muli ndi madzi ophitsa?
Sie-sind mit Wasser[4] gekocht
Haben Sie abgekochtes Wasser?

Muli ndi madzi okumwa?
Sie-sind mit Wasser[4] trinkbar
Haben Sie Trinkwasser?

Mundipatse Sobo yaCherry Plum limodzi ndi Fanta awiri.
Sie-mir-geben-bitte Sobo[5] von-Cherry Plum eins und Fanta zwei
Bitte geben Sie mir ein Sobo-Cherry-Plum (Kirsche-Pflaume) und zwei Fantas.

Ndi ndalama zingati?
ist Geld[5] wieviel
Wieviel kostet das?

Ndi 30 Kwacha 30 Kwacha.
ist 30 Kwacha 30 Kwacha
Es kostet jeweils 30 Kwacha.

Chenji bwanji?
Wechselgeld[5] wie
Was ist mit meinem Wechselgeld?

chakudya cha m'mawa	Frühstück
chakudya cha masana	Mittagessen
chakudya cha madzulo	Abendessen
tii	Tee

tii *ist sowohl das Getränk als auch die Nachmittagsmahlzeit.*

Essen & Trinken in Malawi

phala	Porridge
buredi	Brot
nsima	Maisbrei
kondole	Nsima aus Cassava
chinangwa	Cassava
mbatata	Süßkartoffeln
poteto (yaairish)	Kartoffeln
chipisi	Pommes Frites
ndiwo	Beilage
ziwalo	Hähnchen (in Stücken)
usipa wawisi	frische Usipa-Fischchen
usipa wouma	getr. Usipa-Fischchen
mandasi	Fettgebackenes (süß)
samosa	Teigtasche (herzhaft)
keki	Kuchen
shuga	Zucker
nchele	Salz

-o tentha	heiß
-o zizira	kalt
-o wawa	bitter
-o koma	lecker
-o tsekemera	süß
-o uma	getrocknet
-apya	durch (fertig gekocht)

-li ndi njala	hungrig sein
-li ndi ludzu	Durst haben
-bweretsa	bringen
-lipira	bezahlen
-samba manja	Hände waschen
-lawa	schmecken, probieren

Auf dem Markt

Es gibt in Malawi auch Supermärkte, wie zum Beispiel die staatliche Kette **ptc,** die man in jedem etwas bedeutenderen Ort findet, doch kauft man die meisten Dinge auf dem Markt. Lebensmittel sind hier regional, frisch und billig. Daneben gibt es noch alles Mögliche andere zu erwerben von Radios über Kochgeschirr, Kleidung etc. Zwar haben die meisten Verkäufer mehr oder weniger feste Preise, doch hier wird für Weiße leider oft eine Ausnahme gemacht und ein weit höherer Preis genannt. Dies ist vor allem in größeren Städten der Fall. Deshalb empfiehlt es sich, gegebenenfalls zu verhandeln:

Viele Verkäufer sind sehr freundlich, besonders, wenn man sich bemüht, Chichewa zu sprechen. Andere wiederum lassen gar nicht mit sich verhandeln.

Muli bwanji mayi?
Sie-sind wie Frau[1]
Wie geht es Ihnen?

Ndili bwino kaya inu?
ich-bin gut ich-weiß-nicht Sie
Mir geht es gut, und Ihnen?

Ndili bwino.
ich-bin gut
Mir geht es auch gut.

Zikomo. Ntochi ndi bwanji?
danke Bananen[5] sind wie
Danke. Was kosten die Bananen?

Ntochi zazing'ono, zazikulu?
Bananen[5] kleine große
Die kleinen oder die großen Bananen?

Ntochi zitatu ndi 5 (faifi) kwacha.
Bananen[5] drei sind fünf Kwacha
Drei Bananen kosten fünf Kwacha.

(die Bananen werden zumeist in Fünfer-Bünden verkauft)

Ndi zodulatu!
es ist teuer-wirklich
Das ist zu teuer!

Mutsitse mtengo.
Sie-setzen-herab-bitte Preis[2]
Bitte reduzieren Sie den Preis.

Zur Erinnerung: Für die Zahlen ab fünf werden die englischen Bezeichnungen verwendet.

Chabwino, ntochi zaten ndi eeti kwacha.
gut Bananen[5] von-zehn sind acht Kwacha
Gut, zehn Bananen für acht Kwacha.

Chabwino. Ndikufunabe anyezi.
gut ich-Geg.-wollen-noch Zwiebeln[4]
Gut. Außerdem möchte ich Zwiebeln.

Kulibe. Sindigulitsa anyezi.
hier-ist-nicht nicht-ich-verkaufen Zwiebeln[4]
Es gibt keine. Ich verkaufe keine Zwiebeln.

Im Chichewa benutzt man in der Regel kein „bitte“, und viel seltener „danke“ als im Deutschen. Das ist aber keinesfalls unhöflich oder unfreundlich. Vielmehr ist die Sprache an sich schon so freundlich, dass es keines weiteren Wortes bedarf, um eine Aufforderung noch freundlicher zu machen.

Amawagulitsa kuti?
sie-gewöhnlich-sie-verkaufen wo
Wo werden sie (Zwiebeln) verkauft?

Ndikufuna nyimbo za Matafale.
ich-suche Lieder[5] von Matafale
Ich suche Lieder von Matafale.
(beliebter malawischer Sänger)

Ndipatsani mango awa ndi ntochi izo.
mir-geben-Sie-Auff. Mangos[4] diese und Bananen[5] jene
Geben Sie mir bitte diese Mangos
und die Bananen dort.

Auf dem Markt

-gula	kaufen
-gulitsa	verkaufen
-li ndi	haben
-patsa	geben
-tenga	nehmen

-dula	teuer
-chipa	billig
-o ola	vergammelt
-o uma	getrocknet
-a wisi	frisch

Obst & Gemüse

malalanje	Orangen
ntochi	Bananen
mango	Mango
mzimba	Zuckerrohr
mtedza	Erdnüsse
nanas	Ananas
mdimu	Zitronen
anyezi	Zwiebeln
chikadewa	Cassavablätter
chimanga	Mais
chinangwa	Cassava
kabichi	Kohl
mabiringanya	Auberginen
masamba	(ähnlich wie Spinat)
mawungu	Kürbis
mkhaka	Gurke
mphodza, mpiru	Linsen
nankholowa	Süßkartoffelblätter
nkhwani	Kürbisblätter
nyemba	Bohnen
peala	Avocado
therere	Okraschoten
tomato	Tomate

Fotografieren

Um nichts falsch zu machen, versetzt man sich am besten einfach in die Lage des „Fotoobjekts", stellt sich also vor, wie man es fände, wenn zum Beispiel ständig Asiaten vor einem hin und her springen, um ein authentisches Foto eines „eingeborenen, wilden Germanen" zu schießen oder so. Der gesunde Menschenverstand sagt einem dann schon, wie man sich verhalten sollte.

Wie überall auf der Welt sollte man auch in Malawi und Sambia nicht einfach wahllos durch die Gegend knipsen. Besonders Fotos von Menschen, die für uns ja oft die reizvollsten sind, sollten behutsam gemacht werden.

Das heißt, man sollte bei Fremden grundsätzlich vorher um Erlaubnis fragen, wenn es sich um eine Aufnahme von wenigen Personen oder gar ein Portraitfoto handelt.

Kinder sind normalerweise begeistert und werden lebhaft vor der Kamera posen. Bei Erwachsenen kann die Reaktion auf die Frage um Erlaubnis durchaus unterschiedlich sein.

Einige werden belustigt einwilligen, andere werden genervt ablehnen, wieder andere wollen vielleicht Geld oder etwas anderes, Beispielsweise einen Abzug des Fotos dafür haben.

Wie auch immer die Reaktion sein mag, freundlich, ärgerlich, positiv oder negativ, man muss die Menschen respektieren und auch beim nächsten Mal wieder nachfragen. Oft ergibt sich dadurch auch ein nettes Gespräch (in dem man u.a. sein Chichewa üben kann). Wie immer fängt man das Gespräch mit den üblichen Floskeln an:

Muli bwanji?
Sie-sind wie
Wie geht es Ihnen? (usw.)

Erst danach kommt man zum eigentlichen Punkt. Dabei sollte man daran denken, dass weder Reisen noch Fotografieren dort so selbstverständlich sind wie bei uns und dass der Sinn dahinter nicht für jeden so ersichtlich ist. Daher ist es gut, zu erklären, warum man überhaupt ein Foto machen will.

Kodi, ndine mlendo, ndipo, anzanga sanayambe kubwera kuno kwanu...
Entschuldigung bin-ich Tourist[1] und Freunde[1]-meine nicht-sie-Verg.-beginnen kommen hierher zu-euch...
Entschuldigen Sie, ich bin ein Tourist und meine Freunde waren noch nie hier in Malawi...

...chifukwa chake ndikufuna kuwaonetsa zithunzi zakuno.
... Grund[3] dessen ich-Geg.-wollen ihnen-zeigen Bilder[3] von-hier
... deswegen würde ich ihnen gerne Bilder von hier zeigen.

Ndikhoza kutenga chithunzi chanu?
ich-können nehmen Bild[3] ihrs
Darf ich Sie fotografieren?

Ee, tengani!
ja nehmen-Sie-Auff.
Nur zu!

Ai, sindikufuna.
nein nicht-ich-Geg.-wollen
Nein, ich möchte das nicht.

Sopo bwanji?
Seife[4] wie
Bekomme ich kein Geld für Seife?

Auch wenn man dieses Foto noch so gerne aufnehmen würde und eine Ablehnung nicht nachvollziehen kann, akzeptiert man sie natürlich freundlich mit:

Chabwino.
Okay.

Telefon, Post, Bank, Behörden

Am Telefon meldet man sich meistens mit einem englischen „hello?". Der Anrufer beginnt daraufhin mit den üblichen Begrüßungsformeln:

Muli bwanji? — Ndili bwino kaya inu. usw.

Dzina langa ndi Jochen Wiskott.
Name[4] mein ist Jochen Wiskott
Mein Name ist Jochen Wiskott.

Ndikuthandizeni bwanji?
ich-Ihnen-helfen-Auff.-Ihnen wie
Wie kann ich Ihnen helfen?

Ndikufuna kulankhula ndi Chifundo Phiri.
ich-Geg.-wollen sprechen mit Chifundo Phiri
Ich möchte bitte Chifundo Phiri sprechen.

Dikirani kaye.
warten-Sie-Auff. mal-kurz
Bitte warten Sie einen Augenblick.

Pepani achokapo.
Entschuldigung sie(höfl.)-soeben-weggehen
Tut mir leid, sie ist nicht da.

Abwerako lero, kapena ai?
sie(höfl.)-zurückkommen heute oder nein
Kommt sie heute noch zurück?

Ai, abwerako mawa.
nein sie(höfl.)zurückkommen morgen
Nein, sie kommt erst morgen wieder.

Chabwino, ndikaimbanso mawa.
gut ich-Zuk.-anrufen-wieder morgen.
Gut, ich rufe morgen noch mal an.

Ndiimbe nthawhi yanji?
ich-anrufen-Auff. Zeit welche
Um welche Zeit soll ich anrufen?

Pali uthenga?
hier-ist Nachricht[6]
Soll ich etwas ausrichten?

Mukhoza kupereka uthenga?
Sie-können überbringen Nachricht[6]
Könnten Sie ihm/ihr etwas ausrichten?

Muwauze kuti ndidzakomana nawo mawa masana.
Sie-ihr(höfl.)-sagen-bitte dass ich-Zuk.-treffen mit-ihr(höfl.) morgen mittags
Sagen Sie ihr bitte, dass ich sie morgen Mittag treffen möchte.

Bei Freunden verwendet man die weniger höfliche Form:

Mumuuze, ...
Sie-ihr-sagen...
Sagen Sie ihr bitte...

Ee, ndidzawauza.
ja ich-Zuk.-ihr(höfl.)-sagen
Okay, ich werde es ausrichten.

Zikomo.
Danke.

Ee, zikomo.
ja danke
Dankeschön.

Telefongespräche enden meist mit einem gegenseitigen **zikomo** *(„danke"), ohne eine weitere Verabschiedung.*

Lankhulani mosafulumira.
sprechen-Sie-bitte Umst.-nicht-eilen
Bitte sprechen Sie langsam.

Manchmal muss man über eine Vermittlung telefonieren, die einen mit der gewünschten Nummer verbindet:

Ndikufuna 527 097
(faifi tu seven o nain seven).
ich-Geg.-wollen 527 097
Verbinden Sie mich bitte mit 527 097.

Post

Ndili ndi kalata yopita kuGermany.
ich-bin mit Brief[5] der-geht nach-Deutschland[5/10]
Ich habe einen Brief nach Deutschland.

Ndigwiritse ntchito masitampa andalama zingati kutumiza kalata / parcel kuAustria?
ich-benutzen-Auff. Arbeit[5] Briefmarken[4] von-Geld[5] wie-viel schicken Brief[5]/Paket[4] nach-Österreich[5/10]
Welche Briefmarke brauche ich, um einen Brief/ Paket nach Österreich zu schicken?

Kalata yopita kuSwitzerland
ndi ndege / boti ndi ndalama zingati?
Brief[5] der-geht nach-Schweiz[5/10]
mit Flugzeug[5] / Schiff[4] ist Geld[5] wieviel
Was kostet ein Brief in die Schweiz per Luftpost/ Schiff?

Imatenga masiku angati?
er-gewöhnlich-nehmen Tage[4] wie-viele
Wie lange dauert es?

Ndikufuna masitampa atatu aten Kwacha.
ich-Geg.-wollen Briefmarken[4] von-drei von-zehn Kwacha
Ich hätte gerne 3 Briefmarken à 10 Kwacha.

Bank, Behörden

Wie auf allen Behörden ist die wichtigste Devise: Locker bleiben und keinesfalls offen drängeln, da das so aufgefasst werden kann, als wolle man dem Beamten etwas befehlen und sich damit über ihn stellen. Von daher ist es ratsam, viel Zeit mitzubringen und den Behördengang als Chance zu sehen, mit Einheimischen in Kontakt zu kommen und einen weiteren Aspekt des Landes zu erleben.

Behördliche Angelegenheiten werden im Allgemeinen auf Englisch geregelt. Die Begrüßung findet aber auf Chichewa statt.

Banki ili kuti?
Bank[5] sie-ist wo
Wo gibt es hier eine Bank?

Polizei

Polizisten sind in Malawi sehr schlecht ausgebildet und unterbezahlt. Das erklärt vielleicht ihr manchmal recht brutales Vorgehen, das ihnen einen nicht besonders guten Ruf eingebracht hat. Weiße sind davon aber gewöhnlich nicht betroffen. Allgemein ist die Polizei

Übrigens: Wenn man an Straßensperren unnötig angehalten wird, dient das weniger einer Schikane, als vielleicht eher der Kontaktaufnahme. Auch mit der Polizei kommuniziert man wichtige Angelegenheiten auf Englisch. Einfache Dinge auf der Straße kann man aber auf Chichewa klären.

gegenüber Weißen freundlich, wobei es natürlich, wie bei uns auch, Ausnahmen gibt. Wie auch immer man sich behandelt fühlt, man sollte wie immer ruhig und freundlich bleiben. Das kann manchmal schwer fallen, wenn man zum Beispiel ein dringendes Anliegen hat, verzweifelt ist oder an einen unfreundlichen Beamten gerät. Doch auch oder gerade in diesen Situationen ist es wichtig gelassen zu bleiben und, wenn möglich, mit Humor an die Sache 'ranzugehen, auch wenn es mal länger dauert. Verglichen mit den Problemen der Bevölkerung in der nächsten Umgebung ist das eigene Problem meist doch recht nichtig. Und mit Unfreundlichkeit erreicht man häufig nur das Gegenteil vom eigentlichen Anliegen.

Abambo, ndithandizeni, ndasochera.
Herr[1] mir-helfen-Sie-bitte ich-soeben-sich-verlaufen
Herr Polizist, können Sie mir helfen,
ich habe mich verlaufen.

Ndataya...
ich-soeben-verlieren
Ich habe ... verloren.

Andibera katundu wanga.
sie-mir-soeben-stehlen Gepäck[5] mein
Mein Gepäck wurde geklaut.

Ndatola passport iyi.
ich-soeben-finden Ausweis[4] diesen
Ich habe diesen Ausweis hier gefunden.

Pamsewu apo pachitika ngozi.
auf-Straße[2/10] dort dort-soeben-passieren Unfall[5]
Dort hinten an der Straße gab es einen Unfall.

Einfache Fragen auf der Straße, z. B. an einer Straßensperre:

Mukupita kuti?
Sie- Geg.-gehen wo
Wohin gehen/ fahren Sie?

Tione driving license.
wir-sehen-Auff. Fahren Lizenz[4]
Zeigen Sie bitte Ihren Führerschein.

Mukuthamanga kwambasi.
Sie-Geg.-rennen total
Sie fahren viel zu schnell.

Kodi mwamwa mowa?
Entschuldigung Sie-soeben-trinken Alkohol[5]
Sagen Sie mal, sind Sie betrunken?

akuba	Dieb
-ba	stehlen
-pha	töten
-taya	verlieren
-sochera	verloren gehen,
-taika	sich verlaufen
-tola	finden

Krank sein

Die Krankenstationen von Missionsstationen sind oft besonders gut ausgestattet.

In größeren Städten gibt es sehr gute Krankenhäuser. Es empfiehlt sich, sich für den Notfall im Voraus nach diesen renommierten Spitälern zu erkundigen. In diesen spricht man Englisch. Für kleinere Angelegenheiten wie Malaria, Durchfall oder ähnliches gibt es überall Krankenstationen.

Kodi kuli chipatala pafupi ndi pano?
Entschuldigung hier-ist Krankenhaus[3] nah mit hier
Gibt es hier in der Nähe ein Krankenhaus?

Chipatala chili kuti?
Krankenhaus[3] es-ist wo
Wo ist das Krankenhaus?

Beim Arzt

Muli bwino?
Sie-sind gut
Wie geht es Ihnen?

Ndili bwino pang'ono.
ich-bin gut ein-bisschen
Es geht mir nicht so gut.

Ndikudwala m'mimba.
ich-Geg.-krank-sein im-Bauch[4]
Ich habe Bauchweh / Verdauungsprobleme.

Ikuwawa pati?
es-Geg.-wehtun wo
Wo tut es weh?

Ikuwawa pano!
es-Geg.-wehtun hier
Hier tut es weh!

... likuwawa kwambiri.
es-Geg.-wehtun sehr
Mir tut ... weh.

bondo	Knie (Ez)
maondo	Knie (Mz)
chala	Finger
chifuwa	Brust
diso	Auge
maso	Augen
dzanja	Hand
manja	Hände
dzino	Zahn
mano	Zähne
khosi	Hals
khungu	Haut
khutu	Ohr
lilime	Zunge
magazi	Blut

mfuno	Nase
mimba	Bauch, Magen
mkono	Arm
mlomo	Lippe
msana, mbuyo	Rücken
mtima	Herz
mutu	Kopf
mwendo	Bein
phazi	Fuß
phewa	Schulter
pakamwa	Mund
phapu	Lunge
thupi	Körper

chifuwa chichikulu	Tuberkulose
chikuku	Masern
chimfine	Erkältung
chironda	Wunde
edzi	AIDS
-tuluka kamfuno	Nasenbluten haben
katsabola	Windpocken
litsipa	Kopfweh
magazi akuda	schwacher Kreislauf
magazi amatha-manga kwambiri	hohen Blutdruck haben
malungo	Malaria
mphumu	Asthma
njoka za m'mimba	Würmer
nyamakazi	Rheuma
zironda	Entzündung
likodzo	Bilharziose

Sinditha kugona.
nicht-ich-können schlafen
Ich kann nicht schlafen.

Ndikuchita chizungulire.
ich-Geg.-machen Schwindel[3]
Mir ist schwindlig.

Sindinadye masiku atatu.
nicht-ich-Verg.-essen Tage[4] *drei*
Ich habe seit 3 Tagen nichts gegessen.

Ndilibe njala.
ich-bin-ohne Hunger[5]
Ich habe keinen Appetit.

Ndilibe mphamvu.
ich-bin-ohne Kraft[5]
Ich habe keine Kraft.

Munasanza?
Sie-Verg.-erbrechen
Haben Sie sich übergeben?

Nditenge mankhwala anji?
ich-nehmen-Auff. Medikamente[4] *welche*
Welche Medikamente empfehlen Sie mir?

Ndili ndi mimba.
ich-bin mit Bauch[4]
Ich bin schwanger.

Ndikufuna kupanga test yamalungo.
ich-Geg.-wollen machen Test[5] *von-Malaria*[4]
Ich möchte bitte einen Malariatest machen.

Chinachake chinamuluma.
irgendetwas es-Verg.-ihn-beißen
Irgendetwas hat ihn gebissen.

Schimpfen und Fluchen

In Malawi wird man auf der Straße selten Zeuge von Unfreundlichkeiten. Daher hat man eigentlich keinen Grund, öffentlich zu schimpfen oder zu fluchen. Sollte man doch mal in eine Situation geraten, wo man gerne fluchen würde, wendet man sich besser an die Umgebung und bezeugt seinen Kummer.

Der soziale Druck bewirkt mehr als unfreundliches Verhalten. Letzteres bewirkt in erster Linie, dass auch die Umgebung sich gegen einen stellt.

Kodi inu, ndipange bwanji?
Entschuldigung Sie ich-machen-Auff. wie
Entschuldigen Sie, was soll ich machen?

Wandinamiza uyu.
er-soeben-mich-betrogen dieser
Der da hat mich belogen/betrogen!

Mwamva munthu uyu?!
ihr-soeben-hören Mensch[1] dieser
Habt ihr das gehört?!

Mzanu wanditukwana kwambiri!
Freund[1]-euer er-soeben-mich-beschimpfen sehr
Hier euer Freund hat mich gerade voll beleidigt.

Anthu inu, bwanji? Simundithandiza?
Menschen[1] ihr wie nicht-ihr-mir-helfen
Was ist los, warum hilft mir denn keiner?

Wird man belästigt, und keiner ist in der Nähe, der einem helfen kann, kann man sich folgendermaßen wehren:

Mbasi!	Genug!
Ndisiyani! *mich-verlassen-Sie*	Lassen Sie mich in Ruhe!
Choka! *geh-weg*	Hau ab!

choka *ist sehr unfreundlich und sollte wirklich nur in Ausnahmefällen verwendet werden!*

Thandizani!!
helfen-Sie
Hilfe!

In besonders dringlichen Situationen muss man um Hilfe rufen.

Auf dem Campus, Umgangssprache

Das ist für uns natürlich von Vorteil, da wir dann leichter verstehen, worum es geht.

Vor allem auf dem Campus und in Kreisen mit höherer Bildung, aber auch in den Städten und unter jungen Leuten allgemein mischt sich sehr viel Englisches in das Chichewa.

Allerdings sind diese Ausdrücke etwas gewöhnungsbedürftig, da sie zum Teil so geschickt in die Sprache eingebunden sind, dass man sie auf den ersten Blick (bzw. Laut) nicht unbedingt bemerkt, z. B.:

Tätigkeitswörter werden entweder „eingechewat", indem ein **ku-** *vorangestellt und ein* **-a** *angehängt wird, oder sie werden mit* **kupanga** *(machen) verbunden.*

anti *Tante*	Tante, *auch:* Putzfrau, Waschfrau, niedrige Angestellte
ankulo *Onkel*	Onkel, *auch:* Putzmann, Waschmann, niedriger Angestellter

Suli siliasi!
nicht-du-bist ernst
Das ist nicht dein Ernst!
(von engl. serious)

Za boa!
von Langeweile
Langweilig!

	kudruza	drängeln
(von engl. hire)	**kupanga haya** *machen mieten*	mieten
(von engl. sign)	**kusaina**	unterschreiben
(von engl. use)	**kuyuza**	benutzen
(von engl. busy)	**Ndili bisi.** *ich-bin beschäftigt*	Ich bin beschäftigt.

Wandiuza kuti, iye, he hasn't got the money kupita nawo.
er-soeben-mir-sagen dass er er hat-nicht das Geld[5] gehen mit-ihnen
Er hat mir gesagt, dass er nicht genug Geld hat, um mitzukommen.

Auch französischstämmige Ausdrücke gibt es:

Za boo?/ Bo boo?
Alles klar?

Bo!
Klar! *(von frz. beau)*

Typisch sind auch Verkürzungen:

Tissue bwa? (statt bwanji)
Toilettenpapier wie
Habt ihr noch Toilettenpapier?

Kucafe kuli cha? (statt chiyani)
in-Mensa dort-ist was
Was gibt es heute in der Mensa?

Ukuta? (statt ukutani)
du-Geg.-was
Was machst du gerade?

Ali ku? (statt kuti)
er-ist wo
Wo ist er?

Nichts verstanden? – Weiterlernen!

Kodi, mukumva Chichewa?
Entschuldigung Sie-Geg.-verstehen Chichewa[3]
Entschuldigung, verstehen Sie Chichewa?

Lankhulani mosafulumira.
sprechen-Sie-Auff. Umst.-nicht-eilen
Sprechen Sie bitte langsam (ohne Eile).

Sindikumva Chichewa kwambiri.
nicht-ich-Geg.-verstehen Chichewa[3] *sehr*
Ich kann nicht sehr gut Chichewa.

Ndikuphunzira Chichewa.
ich-Geg.-lernen Chichewa[3]
Ich lerne Chichewa.

Ndikuphunzirabe.
ich-Geg.-lernen-noch
Ich lerne noch.

Kodi, iyi ndi chiyani pa Chichewa?
Entschuldigung dieses ist was auf Chichewa[3]
Entschuldigung, wie heißt das hier auf Chichewa?

Ndaiwala kunena bwanji pa Chichewa.
ich-soeben-vergessen sagen wie auf Chichewa[3]
Ich habe vergessen, wie das auf Chichewa heißt.

Chichewa chimandivuta kwambasi.
Chichewa[3] *es-gewöhnlich-mich-problematisch-sein total*
Chichewa ist für mich sehr schwierig.

Mwakuti chiyani?
Sie-soeben-sagen was
Was haben Sie gesagt?

Munenenso.
Sie-sagen-bitte-wieder
Bitte sagen Sie das noch mal.

Tabwereza.
mal-wiederhole
Wiederhol das bitte.

Mumamva Chizungu?
Sie-gewöhnlich-verstehen Englisch[3]
Verstehen Sie Englisch?

Kuli munthu wina, amadziwa Chizungu?
hier-es-gibt Menschen[1] *anderen er-gewöhnlich-wissen Englisch*[3]
Gibt es hier jemanden, der Englisch spricht?

Ndimachokera ku-Germany / ku-Austria / ku-Switzerland.
ich-gewöhnlich-kommen aus-Deutschland[5/10] / *aus-Österreich*[5/10] / *aus-Schweiz*[5/10]
Ich komme aus Deutschland / Österreich / der Schweiz.

Thandizeni!
Helfen Sie mir bitte! / Hilfe!

Literaturhinweise

In Deutschland ist Lehrmaterial für Chichewa relativ dünn gesät. Fündig wird man in Uni-Bibliotheken oder direkt in Malawi.

Wörterbuch

Zambezi Mission Inc.:
The Student's English-Chichewa Dictionary.
1972/ 1986, Mercia Industries Ltd., Blantyre/ Malawi

Lehrbücher

Botne, Robert:
A learner's Chichewa and English dictionary.
Afrikawissenschaftliche Lehrbücher Band 9
1995, Köppe, Köln
Sehr kompakt und sprachwissenschaftlich, wenig anwendungsbezogen

Sato, Max:
TIYENI! Chichewa language course for newcomers to Malawi.
1999 Celia Swann Verlag, England.
Angewandter Sprachführer mit Erklärungen zur Grammatik, auf Englisch.

Intensive Chichewa.
1969 Likuni Press and Publishing House
P.O. Box 133, Lilongwe, Malawi.
Im Internet unter:
www.cnr.berkeley.edu/~alyons/chichewa
Sehr gutes Lehrbuch zum tieferen Einstieg in die Sprache.

Die wichtigsten Silben im Überblick

Übersicht der Hauptwortklassen

Hauptwort-klasse	Hauptwort beginnt mit …	Verb Kennsilbe	Objektsilbe	Besitz	Eigen-schaftswort
1 Ez	m'-, mu-	a-	mu-	wa-	wo-
Mz	a-	a-	wa-	a-	o-
2 Ez	m'-, mu-	u-	u-	wa-	wo-
Mz	mi-	i-	i-	ya-	yo-
3 Ez	ch-	chi-	chi-	cha-	cho-
Mz	z-	zi-	zi-	za-	zo-
4 Ez	-	li-	li-	la-	lo-
Mz	ma-	wa-	wa-	a-	o-
5 Ez	n-	i-	i-	ya-	yo-
Mz	n-	zi-	zi-	za-	zo-
6 Ez	u-	u-	u-	wa-	wo-
Mz	ma-	a-	wa-	a-	o-

besitzanzeigende Vorsilben:

a-Vorsilben		
Hauptwortklasse	**Ez**	**Mz**
1	**wa-**	**a-**
2	**wa-**	**ya**
3	**cha-**	**za-**
4	**la-**	**a-**
5	**ya-**	**za-**
6	**wa-**	**a-**

o-Vorsilben		
Hauptwortklasse	**Ez**	**Mz**
1	**wo-**	**o-**
2	**wo-**	**yo**
3	**cho-**	**zo-**
4	**lo-**	**o-**
5	**yo-**	**zo-**
6	**wo-**	**o-**

Zeitvorsilben für Verben		
Zeit	**Kennsilbe**	**Wort-für-Wort**
Gegenwart	**-ku-**	*Geg.*
Vergangenheit	**-na-**	*Verg.*
Zukunft	**-ka-**	*Zuk.*
Gewohnheit	**-ma**	*gewöhnlich*
vollendete Geg.	**-a-**	*soeben*

noch	**-be**
schon	**-kare**
nachdem	**-ta-**
bevor	**-sana-**

Personenvorsilben für Verben

ich	**ndi-**
du	**u-**
er / sie	**a-**

wir	**ti-**
ihr / Sie	**mu-**
sie	**a-**

weitere Vorsilben

-ngo-	„nur“:
ku-ngo-yendayenda	nur spazieren gehen
po-	„während“:
po-lankhula	während des Sprechens
-dza-	weitere Zukunftsvorsilbe
oder:	„kommen und“:
Ti-dza-ona.	Wir werden sehen.
-zi-	„sollen“:
Ndi-zi-pita.	Ich sollte gehen.
-ka-	hat neben der Zukunft noch andere Bedeutungen, „gehen und“ und „wenn“:
ndi-ka-cheza	„ich werde mich unterhalten“
oder:	„wenn ich mich unterhalte“
oder:	„ich gehe (irgendwohin) und unterhalte mich dort“

weitere Nachsilben

-ana	einander
tion-ana	wir sehen einander
-tsa	lassen
one-tsa	sehen lassen (= zeigen)

Wörterliste Deutsch – Chichewa

Die folgende Wörterliste enthält ca. 1000 Einträge, mit denen man schon eine ganze Menge anfangen kann. In Klammern ist die Hauptwortklasse angegeben.

A

Abend, abends madzulo, usiku (6)
Abendessen chaka chausiku (3)
aber koma
abfahren -nyamuka
Abfall chinyalala (3)
abfliegen -nyamuka
abgeben, teilen -gaila
abhängig sein (von) -dalira
abnehmen -onda
abreisen -nyamuka
abschleppen -koka
Adresse adress (4)
aggresiv -a ndewu
ähneln -fanana
ähnlich -o fanana
albern -o pusa, -pepera
Alkohol mowa (5)
alle (leer) -atha
allein -kha
alles -nse
als (Vergleich) monga
als (zeitl.) pamene
alt -kalamba
alt (nicht jung) -o kalamba
alt (nicht neu) -a kare
Alte(r) agogo (1)
anbauen -lima
Andenken chikumbutso (3)
andere -ina
ändern (sich) -sintha
anders -o siyana
anfangen -yamba
Angestellte(r) wantchito (1)
Angst mantha (4)
Angst haben -opa
anhalten (etwas) -imitsa
anhalten (selbst) -ima
ankommen -fika
anleiten -weruza
anrufen -imba
anschwillen -tupa
ansehen -yang'ana
anstellen (jmdn) -lemba ntchito
anstrengen, sich -limbikira
Antwort yankho (5)
antworten -yankha
Anwalt nkhoswe (5)
anziehen, sich -vala
Apotheke sitoro yamankhwala (5)
arbeiten -gwira ntchito
Arbeiter(in) wantchito (1)
ärgern, sich -kwiya
Arm mkono (2)
arm -o sauka
Armut umphawi (6)
Arzt dokotala (1)
atmen -puma
auch -nso
aufbrechen -nyamuka
aufgeräumt -o konzeka
aufheben (vom Boden) -tola
aufheben (aufbewahren) -sunga
aufhören -leka
aufmuntern -limbikitsa
aufstehen -dzuka

aufwachen -dzuka
Auge diso (4) (Mz: maso)
Auskunft mawu (4)
Ausland dziko lina (4)
Ausländer mlendo (1)
ausländisch -a dziko lina
ausreichen -kwanira
ausruhen -puma
aussehen -oneka
außer kupatula
Aussprache matchulidwe (4)
aussteigen -tsika
auswählen -sankha
Ausweis passport (4)
ausziehen -vula
Auto galimoto (4)

B

Badeanzug; Badehose zobvala zosambira (3)
baden -samba
Badezimmer chipinda chosambira (3)
Bahnhof stesheni (5)
bald posachedwa
Ball (Fußball) mpira (5)
Banane nthochi (5)
Bank (Geld) banki (5)
Bargeld ndalama (5)
Bart ndevu (5)
Batterie battery (engl.)
Bauch mimba (4)
bauen -manga
Bauer mlimi (1)
Baum mtengo (2)
beeilen, sich -fulumira
beenden -maliza
Beerdigung maliro (5)
beginnen -yamba
begleiten -perekeza
behandeln (Krankh.) chitira
Behörde ofesi (5)
bei kwa-
Beilage ndiwo (5)
Bein mwendo (2)
Beispiel chisanzo (3)
beißen -luma
bekommen -landira
beleidigen -chitira chipongwe
benutzen -gwiritsa ntchito, -yusa
benachrichtigen -pereka nkhani
Benzin petulo (5)
Berg phiri (4)
betrinken, sich -ledzera
betrügen -nyenga
Beruf ntchito (5)
berühmt -o mveka
beschädigen -ononga
beschäftigt -o tanganidwa
beschimpfen -tukwana
beschützen -teteza
beschweren, sich -dandaula
besichtigen -yang'ana
Besitzer mwini (1)
besonders makamaka
besser bola
bestehen (Prüfung) -khoza (mayeso)
besteigen -kwera
Bestellung reserveshen (5)
Bestie chirombo (3)
bestrafen -langa
besuchen -yendera
besuchen gehen -kacheza
besuchen kommen -dzacheza
Besucher mlendo (1)
beten -pemphera
betrügen -chenjeretsa
betrunken -o ledzera
Bett bedi (5)
Bettzeug mashiithi (4)
bevor -sana-
Beweis chipendo (3), umboni (6)
bezahlen -lipira
bezweifeln -kayika
Bier mowa (5)
Bild chithunzi (3)
billig -o chipa
binden -manga
bis mpaka
bisschen pang'ono
Bitte chopempha (3)
bitten -pempha
bitter -o wawa
Blatt tsamba (4)
bleiben -tsala
Bleistift pen (5)
Blume duwa (4) (Mz: maluwa)
Blut magazi (4)
Bohnen nyemba (5)
Boot boti (4)

Botschaft (dipl.) embasi (4)
Brand moto (2)
braten -kazinga
Brauch mkhalidwe (5)
brauchen -funa
breit -o takata
brennen -phyera
brennen (Lampe) -yaka
Brief kalata (5)
Briefmarke sitampu (4)
Brille maglasses (4)
bringen -bweretsa
Brot buredi (4)
Brücke mlatho (5)
Bruder mchimwene (1)
Brust(korb) chifuwa (3)
Buch buku (4)
buchen -panga reserveshen
Bürger (Staats-) wamunzinda (1)
Büro ofesi (5)
Bus basi (5)
Butter batala (5)

C

Chauffeur daraivala (1)
Chef bwana (1), mfumu (1)
Chefin dona (1)
clever -o chenjera

D

da (dort) apa
da sein, erscheinen -oneka
Dach denga (4)
dahinter pambuyo pake
damit kuti
danach pambuye pake
danke zikomo
danke sehr ndathokoza
danken -thokoza
darum chifukwa chake
dass kuti
Datum tsiku (4)
dauern -tenga nthawi
Decke (Bett) blanketi (4)
dein/e -ako
denken -ganiza
Denkmal chikumbukiro (3)
depressiv -o kumata
deshalb chifukwa chake
deutsch chigeremani (3)
Deutsche(r) wakugeremani (1)
Deutschland geremani (5)
Devisen ndalama (5)
Dialekt chilankhulo (3)
dick -o nenepa
Dieb akuba (1)
Ding chinthu (3)
dingsda ujeni
diskutieren -kambirana
dolmetschen -sanduliza
Dorf, Heimatdorf mudzi (2)
dort, dorthin apo
draußen kunja
Dreck ubve (6)
dreckig -uve
dringend -o fulumiza
du inu (iwe)
duften -nunkhira
dumm -o pepera
dumm sein -foira
dunkel -a kuda
Dunkelheit mdima (5)
dünn -o onda
Durchfall haben -tsegula m'mimba
dürfen -khoza
Dürre chilala (3)
Durst (haben) (-khala ndi) ludzu
Dusche shawa (4)
duschen -samba

E

echt -o ona
Ehefrau mkazi (1)
Ehemann mwamuna (1)
Ehepaar banja (4)
Ei dzira (4)
Eigentümer mwini (1)
einander -ana
Einbrecher mbala (1)
Eingang khomo (5)
einige ena
einigen, sich -gwirizana
einladen -itana
einmal kamodzi
einsammeln -tola
einsteigen -lowa, -kwera
eintreten -lowa
einverstanden sein -bvomera
Einwohner mbadwa (1), wamunzinda (1)

einzeln chimodzi chimodzi
eilig -fulumira
Eltern makolo (1)
empfangen -landira
Ende womaliza (6)
eng -a ng'ono
englisch -a ingereze
Enkel(in) mdzukulu (1)
entfernen (etw.) -chotsa
Entfernung mtunda (2)
entflechten -masula
entschuldigen, sich -pepesa
er iye
Erde (Boden) nthaka (5)
Erde (Erdball) dziko lapansi (4)
Erdnussmehl nsinjiro (5)
Ereignis zochitika (3)
erhalten -landira
erholen, sich -chira
erhitzen -tentha
erinnern, sich -kumbukira
erkältet sein -khala ndi chimfine
Erkältung chimfine (3)
erkennen -zindikira
erklären -fotokoza
erlauben -lola
ernten -kolola
erschrecken, sich -dabwa
erstaunt sein -dabwa
Erwachsener mkulu (1)
erzählen -kambira; -uza
essen -dya
etwas pang'ono
euer/e -anu
Europäer mzungu (1)

F

Faden thonje (4)
Fahne bendera (5)
Fähre boti (4)
fahren (Auto, etc.) -yendetsa
Fahrkarte tiketi (4)
Fahrpreis mtengo yaticketi (2)
Fahrrad njinga (5)
Fahrzeug galimoto (4)
fallen -gwa
falsch -o lakwa
Familie banja (4), kunyumba
Farbe mtoto (2)
faul (Obst) -o ola
faul (träge) -a ulesi
fegen -sesa
fehlen -sowa
Fehler machen -lakwa
Feierabend machen -weruka
feilschen -pangana
Feld munda (2)
Fenster window (engl.)
Ferien chuti (3)
Fernsehgerät tivi (4)
fertig -atha
Fest chaka (3)
fest -o limba
Fett mafuta (4)
feucht -o nyowa
Feuer moto (2)
Feuer machen -sonkha moto
Feuerholz nkhuni (5)
finden -peza
Finger chala (3)
Fisch nsomba (5)
Flasche botolo (4)
Fleisch nyama (5)
fleißig -o limbikira
fliegen -uluka
fliehen -thawa
fluchen -tukwana
Flugticket tiketi landege (4)
Flugzeug ndege (5)
Fluss mtsinje (2)
flüssig -a madzi
folgen -tsata
Folklore gule (4)
fortsetzen -pitiriza
Fotoapparat camera (engl.)
Fotografie snap (4), chithunzi (3)
fotografieren -tenga chithunzi
Frage funso (4)
fragen -funsa
Frau mkazi (1)
frei -a ulere
fremd -a dziko lina
Freude chimwemwe (3)
freuen, sich -sangalala
Freund(in) mzanga (1), mzako (1)
freundlich -a chifundo
Freundschaft chibwenzi (3)
Frieden mtendere (1)
frieren -mva kuzizira
frisch (Obst) -a wisi

froh sein -kondwa
fröhlich -o sangalala
Frucht chipatso (3)
früh mwamsanga
Frühstück chakudya cham'mawa (3)
fühlen, sich -mva
fürchten, sich (vor) -opa
Fuß phazi (4)
füttern -dyetsa

G

Gabel fork (engl.)
gähnen -yasama
ganz konsekonse
Garten munda (2)
Gasse kamsewu (8)
Gast mlendo (1)
gastfrei -a ufulu
Gastfreundschaft ufulu (6)
Gaststätte guesthouse (engl.)
Gebäude nyumba (5)
geben -patsa
Gebirge mapiri (4)
geboren werden -badwa
Geburtstag tsiku lobadwa (4)
gefährlich -o opa
gefallen -kondweretsa
Gefängnis ndende (5)
Gegend dera (4)
gegenüber von moyang'ana ndi
Geheimnis chinsinsi (3)
gehen -pita
Gehirn bongo (4)
Geist mzimu (2)
Geld ndalama (5)
Gemeinde mpingo (5)
Gemüse mbewu (5)
genau -o donza
genervt sein von ... -topa ndi ...
genug mbasi, -o kwanira
Gepäck katundu (5)
geradeaus osakhota
Geschäft (Laden) sitoro (5)
Geschäft (Tätigkeit) ntchito (5)
Geschenk mphatso (5)
Geschichte (Erzählung) nkhani (5)
Geschichte (Historie) mbiri (4)
Gesetz lamulo (4)
Gesicht nkhope (5)
Gespräch kuchezana (7)
gestern dzulo
gesund -a moyo
Gesundheit thanzi (4)
Getränk chakumwa (3)
gewöhnen, sich (an) -zolowera
gießen -thira
Gift ululu (6)
Giftschlange njoka yaululu (5)
Glas (Trink-) galasi (4)
glauben -khulupirira
gleich chimodzimodzi
Glück mwayi (5)
glücklich (Glück haben) -a mwayi
Gold ndalama yofiira (5)
Gott mlungu, mbuye (1)
Grab manda (5)
graben -kumba
Gras udzu (6)
gratis -udzu, -ulere
greifen (ergreifen) -gwira
Grenze malire (5)
Grippe chimfine (3)
groß -kulu
Größe (Kleidung u.ä.) msinkhu (5)
Großmutter agogo (1)
Großvater agogo (1)
grün -o biriwira
Gruppe gurupu (4)
grüßen -patsa moni
Gürtel lamba (4)
gut bwino

H

Haare flechten -manga tsitsi
Haare schneiden -meta tsitsi
haben -li ndi
Hacke khasu (4)
Hafen doko loombera (4)
Hälfte hafu (4) (engl), theka (4)
Hals mero (4)

halten (anhalten) -ima
halten (festhalten) -sunga
Haltestelle stesheni (5)
Hand dzanja (4)
(Mz: manja)
Handel malonda (4)
Handtuch taulo (4)
hart -o limba
Hass chidani (3)
hassen -dana ndi
hässlich -o nyasa
Haus nyumba (5)
Haut khungu (4)
heben -sungira
heilen -pola
heiraten -kwatira
heiß -o tentha
helfen -thandiza
hell -o yera
Herr bambo (1)
Herz mtima (2)
heute lero
Hexerei ufiti (6)
hier kuno
Hilfe chithandizo (3)
Himmel mwamba (5)
hinten pambuye, paseri
hinter pambuye pa-
hinzukommen, hinzufügen -onjeza
hoch -o talika
Hochzeit ukwati (6)
hoffen -khulupirira
Hoffnung chiyembekeza (3)
höflich -a ulemu
Holz thabwa (4)
Honig uchi (6)
Hotel guesthouse (engl)
hübsch -kongola
Huhn nkhuku (5)
Hund galu (1)
hungrig (sein) -li ndi njala
husten -tsokomola
Hut chipewa (3)
Hygiene ukhondo (6)

I

ich ine
ihr (Mz.) inu
Ihre -anu
ihre (Ez.) -ake
immer nthawi zonse
impfen -temera
in (örtlich) mu-
Inder mmwenye (1)
Insekt chiwala (3)
Insekt kachirombo (8)
Insel chisi (3)
intelligent -nzeru
Intelligenz nzeru (5)
interessant -o sangalatsa
Interesse chidwi (3)
interessieren, sich (für) chita panga chidwi

J

ja inde, ee
jagen -saka
Jahr chaka (3)
Jahreszeit nyengo (5)
jährlich chaka chilichonse
jeder aliyense
jedesmal nthawi iliyonse
jemand aliyense; munthu wina
jener uyo
jetzt tsopano, pompano
jubeln -fuula
jung -a ng'ono
Junge mnyamata (1)

K

Kaffee khofi (4)
kalt -o zizira
kämmen -pesa
kaputt -o onongeka
Katze mphaka (1)
kauen -tafuna
kaufen -gula
keimen -mera
Kekse mabiskiti (4)
kennen -dziwa
Kerze kandulo (4)
Kind mwana (1)
Kirche chalichi (3)
Kleidung zobvala (3)
klein -ng'ono
klopfen -gogoda
klug -a nzeru
Kneipe bawa (4)
kochen -phika
Kohle khala (4)
kommen -bwera
kommen von -chokera ku-

kompliziert -o vuta
können -dziwa, -tha, -khoza
Kopf mutu (2)
Kopfweh litsipa (4)
Korb dengu (4)
Körper thupi (4)
kosten (probieren) -lawa
kostenlos -a ulere
kotzen -sanza
krank -o dwala
Krankenhaus chipatala (3)
Krankenschwester namwino (1)
Krankheit matenda (5)
kriechen -kwawa
Krieg nkhondo (5)
kühl -o zizira
Kühlschrank friji (5)
kümmern um (jmd), sich -samala
kurz -fupi
küssen -mpsompsona, kiss (engl.)

L

lächeln -mwetula
lachen (über etw.) -seka
lahmen -lumula
Lampe nyale (5)
Land dziko (4) (Mz: maiko)
Landkarte map (4)
ländlich -a kumudzi
Landschaft chilengedwe (3)
Landwirtschaft ulimi (6)
lang (Entfernung) -tali
lang(e) (Zeit) nthawi yaitali
langsam mosafulumira, pang'ono pang'ono
langweilig -a boa
Lärm phokoso (5)
laufen, rennen -thamanga
laut -a phokoso
leben -khala (ndi moyo)
Leben moyo (5)
Lebensmittel chakudya (3)
lecker -koma
ledig -o sakwatira
leer sein mulibe kanthu
legen -ika
Lehrer(in) mphunzitsi (1)
leicht (Gewicht) -pepuka
leihen -bwereka
lernen -phunzira
lesen -werenga
Leute anthu (1)
Liebe chikondi (3)
lieben -konda
Liebhaber mwini (1)
Lied nyimbo (5)
liegen -gona
links -a manzere
Linsen mpiru (5)
Lippe mlomo (2)
Lizenz chilolezo (3)
Löffel spoon (engl.)
Lohn, Gehalt malipiro (4)
löschen -zimitsa
lösen (losbinden) -masula
Luft mpweya (5)
Lüge bodza (4)
lügen -nama
Lumpen nsanza (5)
lustig -o sangalatsa

M

machen -panga, -chita
Mädchen mtsikana (1)
Mais chimanga (3)
Maismehl ufa (6)
Maisspeicher nkhokwe (5)
Malaria malungo (4)
malen -lemba
man anthu (1)
manchmal nthawi zina
Mangel haben an -sowa
Mann mwamuna (1)
männlich -a mwamuna (1)
Margarine batala (5)
Markt msika (5)
Maus mbewa (5)
Medikament mankhwala (4)
Medizinmann sing'anga (1)
mein/e -anga
Mensch munthu (1)
merken, sich -kumbukira
Messer mpeni (2)
mieten -panga rent
Milch mkaka (5)
Minister nduna (1)
Minute miniti (4)
mit ndi
Mittag masana
Mittagessen

chakudya chamasana (3)
modern -makono
mögen -konda
möglich sein -theka
Monat mwezi (2)
Mond mwezi (2)
morgen mawa
morgens m'mawa
Moskitonetz
net yaudzudzu (5)
Motor engine (Engl.)
müde sein -topa
Mühle chigayo (3)
Mund kamwa (4)
Musik nyimbo (5)
müssen -yenera
Mutter mayi (1)

N

nach (Richtung) ku-
nach (Zeit) -ta-
Nachmittag(s) masana
Nachricht nkhani (5),
uthenga (6)
Nacht usiku (6)
Nachtwächter mlonda (1)
nackt sein -phada
Nadel singano (5)
nah pafupi
Name dzina, Mz: maina (4)
nass -o nyowa
Natur chilengedwe (3)
nehmen -sunga, -tenga
Neid nsanje (5)
nein iyai, ai
nein (ich will nicht) toto
neu -a tsopano
nicht osati, si-
nichts palibe kanthu
noch -be
noch einmal kachiwiri
Norden mpoto
normal -o chitika chitika
notwendig -o funika
Nummer nambala (4)
nur -okha

O

ob ngati
oben pamwamba
Obst zipatso (3)
oder kapena
öffnen -tsegula
oft kawiri kawiri
ohne popanda
Ohnmacht, in ... fallen
-komoka
Ohr khutu (4)
Öl mafuta (4)
Osten east (engl.)

P

paar -ina
Papier pepala (5)
parken -ika galimoto
Pass passport (4) (engl.)
passieren (geschehen)
-chitika
Patient matenda (1)
Pech tsoka (4)
Person munthu (1)
Pfand ngongole (5)
Pfanne chiwaya (3)
Pflanze chimerera (3)
pflanzen -bzala
Platz malo (5)
Politik ndale (5)
Polizei apolisi (1)
Popcorn corn (engl)
Post(amt) post ofesi (4)
Postkarte
postcard (4) (engl.)
Preis mtengo (2)
preisen -tamanda
Problem vuto (4)
problematisch sein -vuta
Prüfung (en) mayeso (4)
Puls duka (4)

R

Radiogerät waidesi (5)
Rat geben -patsa nzeru
Rauch utsi (6)
rauchen -suta fodya
Raum chipinda (3)
rechnen -werenga
rechts -a manja
reden -lankhula
Regen mvula (5)
Regenbogen utawaleza (6)
Regenschirm
umbrella (engl.)
regnen -gwa mvula
reich -o lemera
reichlich -o chuluka
Reichtum chuma (3)

reif, durch (kochen) -o pya
Reifen tayala (4)
Reis mpunga (2)
Reise ulendo (6)
reisen -yenda ulendo
Religion chipembezo
rennen -thamanga
reparieren -konza
reservieren -panga reserveshon
Respekt ulemu (6)
respektieren -lemekeza
respektvoll -ulemu
Richtung mbali (5)
Rind ng'ombe (5)
Rindfleisch nyama ya ng'-ombe (5)
roh -a wisi
rot -o fiira
Rucksack chikwama (3)
rückständig -a kare
Ruhe chete
ruhig -o fatsa

S

Sache chinthu (3)
sagen -nena
Salz nchere (5)
Sand mchenga (2)
satt werden -khuta
sauber -o yera
sauber machen -yeretsa, -tsuka
sauer -o wawasa
scheinen (Sonne) -wala
Schere isezi (4)
schicken, senden -tumiza
Schiff boti (4)
schlafen -gona
schläfrig (sein) (-li) m'tulo
Schlafzimmer chipinda (3)
schlagen -menya
schlecht -o ipa, -o foira
schließen -tseka
schlucken -meza
Schlüssel key (4) (engl.)
schmackhaft -o koma
schmerzen -pweteka, -wawa
schmutzig -a ubve
Schnaps mowa (5)
schneiden -dula
schneiden (Haare) -meta
schnell mwamsanga
schnitzen -sema
schon -kare
schön -o kongola
schreiben -lemba
schüchtern -a manyazi
Schuh nsapato (5)
Schulden ngongole (5)
schuldig -o lakwa
Schule sukulu (5)
Schüler(in) wophunziro (1)
schwach -o fooka
Schwager mlamu (1)
schwanger sein -li ndi mimba
schwarz -a kuda
Schwarzer wakuda (1)
schwer (Gewicht) -o lemera
Schwester chemwali (1), mlongo (1)
schwierig -o vuta
schwimmen -sambira
schwitzen -mva kutentha
See nyanja (5)
sehen -ona
Seife soap (4)(engl.)
Seil chingwe (3)
sein (Verb) -li
sein, leben -khala
sein/e -ake
seit kuyambira
Seite (Richtung) mbali (5)
selbst -yo (am Fürwort)
selten kamodzi kamodzi
setzen, sich -khala pansi
sicher -o sungidwa
Sie inu
sie (Ez.) iye
sie (Mz.) awo
singen -yimba
so chonchi
sofort pompano pompano
Sohn mwana wamwamuna (1)
sollen -zi- (Verbvorsilbe)
Sonne dzuwa (4)
Sorgen machen (sich) -dandaula
sparen (Geld) -sungira (ndalama)
spät -o chedwa
spazieren gehen -yendayenda
Speise chakudya (3)
spielen -sewera
Sprache chilankhulo (3)

sprechen -lankhula
Sprichwort mwambi (2)
springen -lumpha
stabil -o limba
Stadt tauni (4)
stampfen (Mais) -sinja (chimanga)
stark -a mphamvu; -o gwa
statt finden -chitika
Staub fumbi (5)
stehen bleiben -ima
stehlen -ba
Stein mwala (2)
Stelle, Ort malo (4)
stellen -ika
sterben -malira, -fa
Steuer (Abgabe) msonkho (2)
Stimme mawu (4) (Mz)
stinken -nunkha
Stoff nsalu (5)
stolz -a nyada
stören -sokoneza
stoßen -gunda
Straße msewu (2)
Streichhölzer machesi (4)
Streit ndewu (5)
streiten -kangana
Strom (Elektr.) magetsi (5)
Student wophunziro (1)
Stuhl mpando (2)
Sturheit uchisi (6)
suchen -funa
Süden south (engl.)
Sumpf dambo (4)
sündigen -chimwa
süß -zuna, -tsekemera

T

Tabak fodya (5)
Tag tsiku (4)
täglich tsiku lililonse
Tankstelle petulo stesheni (5), filling-stesheni (5)
Tante dzakhali (1), anti (1), mtsibweni (1)
tanzen -vina
Tasche bag (4)
Tau lume (4)
taub -o gontha
Taxi taxi (4)
Tee tii (5)
Teil gawo (4)
teilen, abgeben -gawila
Telefon foni (4)
telefonieren -imba foni
Teller mbale (5)
teuer -o dula
Theaterstück sewero (4)
tief -o zama
Tier nyama (5)
Tochter mwana wamkazi (1)
Tod imfa (5)
Toilette chimbudzi (3), toilet (4)
Toilettenpapier tissue (engl.)
Topf nkhali (5), poto (4)
töten -pha
Tradition mchitidwe (5), mwambo (2)
tragen (auf dem Kopf) -senza
tragen, mit dem Auto mitnehmen -nyamula
träumen -lota
traurig -a chisoni
Treffen msonkhano (5)
treffen (mit) -komana (ndi)
trennen, sich -lekana
treten -ponda
trinken -mwa
trocken -o uma
Trockenzeit chirimwe (3)
tropfen -dontha
tschüß ndapita
T-shirt malaya (4)
Tür chitseko (3)

U

üben -yesayesa
über (örtl.) pamwamba pa-
überall kulikonse, paliponse
überbringen -pereka
übermorgen mkucha
Überschwemmung chigumula (3)
übrig bleiben -tsala
um ... Uhr ... koloko
um zu ... ku-...
Umgebung dera (4)
umhergehen -zungulira
umtauschen -sinthitsa
Umwelt chilengedwe (3)
umziehen -samuka
unbekannt simadziwika

unbeschreiblich -o sanena
und ndi
und dann kenaka
Unfall ngozi (5)
Universität yunivasiti (5)
unser/e -athu
unten pansi
unter pansi pa-
Unterhaltung kuchezana (7)
Unterkunft malo ogona (4)
unterrichten (lehren) -phunzitsa
unterscheiden, sich -siyana
unterschiedlich -siyana-siyana
unterschreiben -saina
Urlaub, (im) (pa) chuti (3)

V

Vater abambo (1)
verachten -nyoza
verärgert, enttäuscht sein -khumudwa
verbieten -letsa,
verbinden -njata
Verbrechen chimo (3)
vergammeln -ola
vergessen -iwala
Vergleich fanizo (4)
vergleichen -faniza
vergnügen, sich -sangalala
verheiratet -o kwatiwa
verhexen -lodza
verirren, sich -sochera
verjagen -thamangitsa
verkaufen -gulitsa
verlassen -siya
verleihen (an) -bwereka
verletzen -lasa
verlieren (Dinge) -taya (zinthu)
verloben, sich -tomera
vermissen (etw.) -sowa
verringern -tsitsa
verrückt -a misala
verrückt werden -penga
versöhnen, sich -yanjana
verspäten, sich -chedwa
versprechen -lonjeza
verstecken (etw.) -bisa
verstecken, sich -bisala
verstehen -mva
versuchen -yesa
vertreiben -thamangitsa
verweigern -kana, -kanika
verzeihen -khululuka
viele -ambiri
vielleicht mwina
Vogel mbalame (5)
Volk anthu (1) (Mz)
voll -o dzadza
von kuyambira
vor patsogolo pa-
vorangehen, vorausgehen -tsogola
vorbereiten -konza
vorbereiten, sich -konzeka
vorgestern dzana
Vormittag mawa
Vorname dzina (4)
vorne patsogolo
vorschlagen -weruzana
vorsichtig sein -chenjera
vorstellen (Imagination) -lenga

W

wach (sein) (-li) maso
wachsen -kula
Waffe mfuti (5)
Wagen galimoto (4)
wählen (aus-) -sankha
wahr -ona
während po-
Wahrheit zoona (3)
Wald nkhalango (5)
Wand khoma (5)
wandern -yenda, -yendayenda
wann liti, nthawi yanji
warm -o tentha
warten -dikira
warum chifukwa chiyani
was chiyani
waschen -chapa
waschen, sich -samba
Wasser madzi (4)
Wassereis frizis (4)
wechseln -sintha
wecken -dzutsa
Weg njira (5)
wegen chifukwa cha-
weggehen -choka
wegrennen -thawa
wegwerfen -taya

weh tun -pweteka, -wawa
weiblich -a mkazi
weich -o fewa
weil chifukwa
weinen -lira
weit entfernt sein -kutali
weiß -yera
wenig -o chepa, pang'ono
wenn (als) pamene
wenn (falls) ngati
wer ndani
werfen -ponya
wertlos -chabe
wessen ya ndani
Westen west (engl.)
wichtig -o funika
wie bwanji
wie viele (DInge) zingati
wie viele (Menschen) angati
wieder -nso
wiederholen -bwereza
Wind mphepo (5)
wir ife
wissen (können) -dziwa
wo kuti
Woche mlungu (2)
woher / wohin kuti
wohnen -khala
Wohnung nyumba (5)
Wolke mtambo (2)
wollen -funa
Wort liwu (4) (Mz: mawu)
Wunde chironda (3)
wünschen -funa
Wurzel muzu (2)

Z

zählen -werenga
Zahn dzino (4)(Mz: mano)
Zahnpasta tooth paste (engl.)
Zaun mpanda (2)
zeigen -onetsa
Zeit nthawi (5)
Zelt tent (engl.)
Zeltplatz malo a camping (4)
zerbrechen -phwanya
Zeuge mboni (1)
Ziege mbuzi (5)
Ziegel njerwa (5)
Ziel cholinga (3)
Zigarette fodya (5)
Zimmer rumu (4)
zittern -njenjemera
zu ... ... kwambiri
zu Fuß gehen -yenda pansi
Zucker shuga (4)
Zug train (engl.)
zuhören -mvera
zunehmen -nenepa
Zunge lilime (4)
zurückkommen -bwerako, -bwerera
zurückgeben -bweza
zusammen limodzi
zustimmen -vomera
zuviel kwambiri
zwischen pakati pa-

Wörterliste Chichewa – Deutsch

A

-a boa langweilig
-a chifundo freundlich
-a chisoni traurig
-a dziko lina ausländisch, fremd
-a ingereze englisch
-a kare alt (nicht neu); rückständig
-a kuda dunkel
-a kumudzi ländlich
-a madzi flüssig
-a manja rechts
-a manyazi schüchtern
-a manzere links
-a mbiri viele
-a misala verrückt
-a mkazi weiblich
-a moyo gesund
-a mphamvu stark
-a mwayi glücklich
-a ndewu aggresiv
-a ng'ono eng; jung
-a nyada stolz
-a nzeru klug
-a phokoso laut
-a talika hoch
-a tsopano neu
-a ubve schmutzig
-a ufulu gastfrei
-a ulemu höflich
-a ulere frei; kostenlos
-a ulesi faul (träge)
-a wisi frisch (Obst); roh
abambo (1) Vater
adress (4) Adresse
agogo (1) Alte(r); Großmutter; Großvater
-ake sein/e, ihre (Ez.)
-ako dein/e
akuba (1) Dieb
-akuda dunkel; schwarz
aliyense jemand; jeder
-ana einander
-anga mein/e
angati wie viele (Menschen)
anthu (1) man
anthu (1) (Mz) Volk, Leute
anti (1) Tante
-anu euer/e, Ihre
apa da (dort), dorthin
apolisi (1) Polizei
-atha fertig; alle (leer)
-athu unser/e
awo sie (Mz.)

B

-ba stehlen
-badwa geboren werden
bag (4) Tasche
bambo (1) Herr
banja (4) Ehepaar; Familie
banki (5) Bank (Geld)
basi (5) Bus
batala (5) Butter, Margari-ne
battery (engl.) Batterie
bawa (4) Kneipe
-be noch
bedi (5) Bett
bendera (5) Fahne
-bisa verstecken (etw.)
-bisala sich verstecken
blanketi (4) Decke (Bett)
bodza (4) Lüge
bola besser
bongo (4) Gehirn
boti (4) Boot, Fähre, Schiff
botolo (4) Flasche
buku (4) Buch
buredi (4) Brot
-bvomera einverstanden sein
bwana (1) Chef
bwanji wie
-bwera kommen
-bwerako zurückkommen
-bwereka leihen, verleihen (an)
-bwerera zurückkommen
-bweretsa bringen
-bwereza wiederholen
-bweza zurückgeben
bwino gut
-bzala pflanzen

C

camera (engl.) Fotoapparat
-chabe wertlos
chaka chausiku (3)

Abendessen
chaka chilichonse jährlich
chaka (3) Fest; Jahr
chakudya (3) Lebensmittel, Speise
chakudya cham'mawa (3) Frühstück
chakudya chamasana (3) Mittagessen
chakumwa (3) Getränk
chala (3) Finger
chalichi (3) Kirche
chambo (3) Chambo (Fischart)
-chapa waschen
-chedwa verspäten, sich
chemwali (1) Schwester
-chenjera vorsichtig sein
-chenjeretsa betrügen
chete Ruhe
-cheza sich vergnügen, unterhalten
chibwenzi (3) Freundschaft
chidani (3) Hass
chidwi (3) Interesse
chifukwa weil
chifukwa cha- wegen
chifukwa chake darum, deshalb
chifukwa chiyani warum
chifuwa (3) Brust(korb)
chigayo (3) Mühle
chigeremani (3) deutsch
chigumula (3) Überschwemmung
chikondi (3) Liebe
chikumbukiro (3) Denkmal
chikumbutso (3) Andenken
chikwama (3) Rucksack
chilala (3) Dürre
chilankhulo (3) Dialekt, Sprache
chilengedwe (3) Landschaft; Natur, Umwelt
chilolezo (3) Lizenz
chimanga (3) Mais
chimbudzi (3) Toilette
chimerera (3) Pflanze
chimfine (3) Grippe, Erkältung
chimo (3) Verbrechen
chimodzi chimodzi einzeln
chimodzimodzi gleich
-chimwa sündigen
chimwemwe (1) Bruder
chimwemwe (3) Freude
chingwe (3) Seil
chinsinsi (3) Geheimnis
chinthu (3) Ding, Sache
chinyalala (3) Abfall
-chipa billig
chipatala (3) Krankenhaus
chipatso (3) Frucht
chipembezo Religion
chipendo (3) Beweis
chipewa (3) Hut
chipinda chosambira Bad
chipinda (3) Raum; Schlafzimmer
-chira erholen, sich
chirimwe (3) Trockenzeit
chirombo (3) Bestie
chironda (3) Wunde
chisanzo (3) Beispiel
chisi (3) Insel
chita machen, tun
chita panga chidwi interessieren, sich (für)
chithandizo (3) Hilfe
chithunzi (3) Bild, Fotografie
-chitika stattfinden, passieren
chitira behandeln (Krankh.)
-chitira chipongwe beleidigen
chitseko (3) Tür
chiwala (3) Insekt
chiwaya (3) Pfanne
chiyani was
chiyembekeza (3) Hoffnung
-choka weggehen
-chokera ku- kommen von
cholinga (3) Ziel
chonchi so
chopempha (3) Bitte
chosambira (3) Badezimmer
-chotsa entfernen (etw.)
chuma (3) Reichtum
chuti (3) Ferien
(pa) chuti (3) Urlaub, (im)
corn (engl.) Popcorn

D

-da hassen;

schwarz, dunkel sein
-dabwa erschrecken, sich; erstaunt sein
-dalira abhängig sein (von)
dambo (4) Sumpf
-dana ndi hassen
-dandaula beschweren, sich; Sorgen machen, sich
daraivala (1) Chauffeur
denga (4) Dach
dengu (4) Korb
dera (4) Gegend, Umgebung
-dikira warten
diso (4) (Mz: maso) Auge
doko loombera (4) Hafen
dokotala (1) Arzt
dona (1) Chefin
-dontha tropfen
-dula schneiden; teuer
duka (4) Puls
duwa (4) (Mz: maluwa) Blume
-dwala krank
-dya essen
-dyetsa füttern
-dzacheza besuchen kommen
dzakhali (1) Tante
dzana vorgestern
dzanja (4) (Mz: manja) Hand
dziko lapansi (4) Erde (Erdball)
dziko lina (4) Ausland
dziko (4) (Mz: maiko) Land
dzina, Mz: maina (4) Name, Vorname
dzino (4)(Mz: mano) Zahn
dzira (4) Ei
-dziwa kennen, wissen, können
-dziwa, -tha, -khoza können
-dzuka aufwachen; aufstehen
dzulo gestern
-dzutsa wecken
dzuwa (4) Sonne

E

east (engl.) Osten
embasi (4) Botschaft (dipl.)
ena einige
engine (Engl.) Motor

F

-fa sterben
-fanana ähneln
-faniza vergleichen
fanizo (4) Vergleich
-fiira rot
-fika ankommen
filling-stesheni (5) Tankstelle
fodya (5) Tabak, Zigarette
-foira dumm sein
foni (4) Telefon
fork (engl.) Gabel
-fotokoza erklären
friji (5) Kühlschrank
-fulumira beeilen, sich
fumbi (5) Staub
-funa brauchen, suchen; wollen, wünschen
-funika wichtig
-funsa fragen
funso (4) Frage
-fupi kurz, nah
-fuula jubeln

G, H

-gaila abgeben, teilen
galasi (4) Glas (Trink-)
galimoto (4) Auto, Fahrzeug, Wagen
galu (1) Hund
-ganiza denken
-gawila teilen, abgeben
gawo (4) Teil
geremani (5) Deutschland
-gogoda klopfen
-gona liegen; schlafen
guesthouse (engl) Hotel, Gaststätte
-gula kaufen
gule (4) Folklore
-gulitsa verkaufen
-gunda stoßen
gurupu (4) Gruppe
-gwa fallen
-gwa mvula regnen
-gwira greifen (ergreifen)
-gwira ntchito arbeiten
-gwiritsa ntchito benutzen
-gwirizana sich einigen
hafu (4) (engl) Hälfte

I

ife wir
-ika legen, stellen
-ika galimoto parken
-ima halten, stehenbleiben, anhalten (selbst)
-imba singen
-imba foni telefonieren, anrufen
imfa (5) Tod
-imitsa anhalten (etwas)
-ina andere; ein paar
inde, ee ja
ine ich
inu ihr (Mz), Sie
inu (iwe) du
isezi (4) Schere
-itana einladen
-iwala vergessen
iyai, ai nein
iye er, sie (Ez.)

K

-kacheza besuchen gehen
kachirombo (8) Insekt
kachiwiri noch einmal
-kalamba alt (Personen)
kalata (5) Brief
-kambira erzählen
-kambirana diskutieren
kamodzi einmal
kamodzi kamodzi selten
kamsewu (8) Gasse
kamwa (4) Mund
-kana verweigern
kandulo (4) Kerze
-kangana streiten
-kanika verweigern
kapena oder
-kare schon; alt (Gegenstände)
katundu (5) Gepäck
kawiri kawiri oft
-kayika bezweifeln
-kazinga braten
kenaka und dann
key (4) (engl.) Schlüssel
-kha allein
-khala wohnen, leben, sein
-khala (ndi moyo) leben
-khala ndi chimfine erkältet sein
-khala pansi setzen, sich
khala (4) Kohle
khasu (4) Hacke
khofi (4) Kaffee
khoma (5) Wand
khomo (5) Eingang
-khoza können; dürfen
-khoza (mayeso) bestehen (Prüfung)
-khululuka verzeihen
-khulupirira glauben, hoffen
-khumudwa verärgert, enttäuscht sein
khungu (4) Haut
-khuta satt werden
khutu (4) Ohr
kiss (engl.) küssen
-koka abschleppen
... koloko um ... Uhr
-kolola ernten
koma aber
-koma lecker
-komana (ndi) treffen (mit)
-komoka Ohnmacht, in ... fallen
-konda lieben, mögen
-kondwa froh sein
-kondweretsa gefallen
konsekonse ganz
-kongola hübsch
-konza reparieren; vorbereiten
-konzeka vorbereiten, sich
ku- nach (Richtung)
ku-... um zu ...
kuchezana (7) Gespräch, Unterhaltung
-kuda schwarz, dunkel
-kula wachsen
kulikonse überall
-kulu groß
-kumba graben
-kumbukira erinnern, sich; merken, sich
kunja draußen
kuno hier
kunyumba Familie
kupatula außer
-kutali weit entfernt sein
kuti damit; dass; wo; woher; wohin
kuyambira seit; von
kwa- bei
kwambiri zuviel
... kwambiri zu ... (+ Eig.)
-kwanira ausreichen
-kwatira heiraten

-kwawa kriechen
-kwera einsteigen
-kwiya ärgern,sich

L

-lakwa einen Fehler machen
lamba (4) Gürtel
lamulo (4) Gesetz
-landira empfangen, erhalten
-langa bestrafen
-lankhula reden, sprechen
-lasa verletzen
-lawa kosten (probieren)
-ledzera betrinken, sich
-leka aufhören
-lekana trennen, sich
-lemba malen; schreiben
-lemba ntchito anstellen (jmdn)
-lemekeza respektieren
-lenga vorstellen (Imagination)
-lemera schwer, reich
lero heute
-letsa, verbieten
-li sein (Verb)
-li ndi haben
-li ndi mimba schwanger sein
-li ndi njala hungrig (sein)
lilime (4) Zunge
-lima anbauen
-limba stark
-limbikira anstrengen, sich
-limbikitsa aufmuntern
limodzi zusammen
-lipira bezahlen
-lira weinen
liti, nthawi yanji wann
litsipa (4) Kopfweh
liwu (4) (Mz: mawu) Wort
-lodza verhexen
-lola erlauben
-lonjeza versprechen
-lota träumen
-lowa eintreten, betreten, einsteigen
ludzu (-khala ndi ...) Durst (haben)
-luma beißen
lume (4) Tau
-lumpha springen
-lumula lahmen

M

m'mawa morgens
mabiskiti (4) Kekse
machesi (4) Streichhölzer
madzi (4) Wasser
madzulo, usiku (6) Abend(s)
mafuta (4) Öl, Fett
magazi (4) Blut
magetsi (5) Strom (Elektr.)
maglasses (4) Brille
makala (4) Kohle
makamaka besonders
makolo (1) Eltern
-makono modern
malaya (4) T-shirt
malipiro (4) Lohn, Gehalt
-malira sterben
malire (5) Grenze
maliro (5) Beerdigung
-maliza beenden
malo a camping (4) Zeltplatz
malo ogona (4) Unterkunft
malo (4) Stelle, Ort, Platz
malonda (4) Handel
malungo (4) Malaria
manda (5) Grab
-manga bauen; binden
-manga tsitsi Haare flechten
mankhwala (4) Medikament
mantha (4) Angst
manyazi schüchtern
map (4) Landkarte
mapiri (4) Gebirge
masana Mittag; nachmittag(s)
mashiithi (4) Bettzeug
(-li) maso wach (sein)
-masula entflechten, lösen, losbinden
matchulidwe (4) Aussprache
matenda (1) Patient; Krankheit
mawa morgen; Vormittag
mawu (4) Auskunft
mawu (4) (Mz) Stimme
mayeso (4) Prüfung (en)
mayi (1) Mutter
mbadwa (1) Einwohner
mbala (1) Einbrecher

mbalame (5) Vogel
mbale (5) Teller
mbali (5) Richtung, Seite
mbasi genug
mbewa (5) Maus
mbewu (5) Gemüse
mbiri (4) Geschichte (Historie)
mboni (1) Zeuge
mbuzi (5) Ziege
mchenga (2) Sand
mchimwene (1) Bruder
mchitidwe (5) Tradition
mdima (5) Dunkelheit
mdzukulu (1) Enkel(in)
-menya schlagen
-mera keimen
mero (4) Hals
-meta tsitsi schneiden (Haare)
-meza schlucken
mfumu (1) Chef
mfuti (5) Waffe
mimba (4) Bauch
miniti (4) Minute
mkaka (5) Milch
mkazi (1) weiblich; (Ehe-)Frau
mkhalidwe (5) Brauch
mkono (2) Arm
mkucha übermorgen
mkulu (1) Erwachsener
mlamba (4) kleine Fischart
mlamu (1) Schwager
mlatho (5) Brücke
mlendo (1) Ausländer, Besucher, Gast
mlimi (1) Bauer
mlomo (2) Lippe
mlonda (1) Nachtwächter
mlongo (1) Schwester
mlungu, mbuye (1) Gott
mlungu (2) Woche
mmwenye (1) Inder
mnyamata (1) Junge
monga als (Vergleich)
mosafulumira langsam
moto (2) Brand, Feuer
mowa (5) Alkohol, Bier; Schnaps
moyang'ana ndi gegenüber von
moyo (5) Leben
mpaka bis
mpanda (2) Zaun
mpando (2) Stuhl
mpeni (2) Messer
mphaka (1) Katze
-mphamvu stark
mphatso (5) Geschenk
mphepo (5) Wind
mphunzitsi (1) Lehrer(in)
mpingo (5) Gemeinde
mpira (5) Ball (Fußball)
mpiru (5) Linsen
mpoto Norden
mpunga (2) Reis
-mpsompsona küssen
mpweya (5) Luft
msewu (2) Straße
msika (5) Markt
msinkhu (5) Größe (Kleidung u.ä.)
msonkhano (5) Treffen
msonkho (2) Steuer, Abgabe
mtambo (2) Wolke
mtendere (1) Frieden
mtengo yaticketi (2) Fahrpreis
mtengo (2) Baum; Preis
mtima (2) Herz
mtoto (2) Farbe
mtsibweni (1) Tante
mtsikana (1) Mädchen
mtsinje (2) Fluss
(-li) m'tulo schläfrig (sein)
mtunda (2) Entfernung
mu- in (örtlich)
mudzi (2) Dorf, Heimatdorf
mulibe kanthu leer sein
munda (2) Feld; Garten
munthu wina jemand
munthu (1) Mensch, Person
mutu (2) Kopf
muzu (2) Wurzel
-mva fühlen, sich; verstehen, hören
-mva kutentha schwitzen
-mva kuzizira frieren
-mvera zuhören
mvula (5) Regen
-mwa trinken
mwala (2) Stein
mwamba (5) Himmel
mwambi (2) Sprichwort
mwambo (2) Tradition
mwamsanga früh; schnell
mwamuna (1) männlich; (Ehe-)Mann
mwana wamkazi (1) Tochter

mwana wamwamuna (1) Sohn
mwana (1) Kind
mwayi (5) Glück
-mwayi glücklich (Glück haben)
mwendo (2) Bein
-mwetula lächeln
mwezi (2) Monat, Mond
mwina vielleicht
mwini (1) Besitzer, Eigentümer; Liebhaber
mzanga (1), mzako (1) Freund(in)
mzimu (2) Geist
mzungu (1) Europäer

N

-nama lügen
nambala (4) Nummer
namwino (1) Krankenschwester
nchere (5) Salz
ndalama yofiira (5) Gold
ndalama (5) Geld, Bargeld, Devisen
ndale (5) Politik
ndani wer
ndapita tschüß
ndathokoza danke sehr
ndege (5) Flugzeug
ndende (5) Gefängnis
ndevu (5) Bart
ndewu (5) Streit
ndi mit; und
ndiwo (5) Beilage
nduna (1) Minister
-nena sagen
-nenepa zunehmen
net yaudzudzu (5) Moskitonetz
ng'ombe (5) Rind
-ng'ono klein; jung
ngati ob; wenn (falls)
ngongole (5) Pfand, Schulden
ngozi (5) Unfall
-njata verbinden
-njenjemera zittern
njerwa (5) Ziegel
njinga (5) Fahrrad
njira (5) Weg
njoka yaululu (5) Giftschlange
nkhalango (5) Wald
nkhali (5) Topf
nkhani (5) Geschichte (Erzählung)
nkhani (5) Nachricht
nkhokwe (5) Maisspeicher
nkhondo (5) Krieg
nkhope (5) Gesicht
nkhoswe (5) Anwalt
nkhuku (5) Huhn
nkhuni (5) Feuerholz
nsalu (5) Stoff
nsanje (5) Neid
nsanza (5) Lumpen
nsapato (5) Schuh
-nse alles
nsinjiro (5) Erdnussmehl
-nso auch; wieder
nsomba (5) Fisch
ntchito (5) Beruf; Geschäft (Tätigkeit)
nthaka (5) Erde (Boden)
nthawi iliyonse jedesmal
nthawi yaitali lang(e) (Zeit)
nthawi zina manchmal
nthawi zonse immer
nthawi (5) Zeit
nthochi (5) Banane
-nunkha stinken
-nunkhira duften
-nyada stolz
nyale (5) Lampe
nyama (5) Fleisch; Rind; Tier
nyama ya ng'ombe (5) Rindfleisch
-nyamuka abfahren, abfliegen, abreisen, aufbrechen
-nyamula tragen (mit dem Auto mitnehmen)
nyanja (5) See
nyemba (5) Bohnen
-nyenga betrügen
nyengo (5) Jahreszeit
nyimbo (5) Lied; Musik
-nyoza verachten
nyumba (5) Gebäude; Haus; Wohnung
nzeru (5) Intelligenz
-nzeru intelligent

O

-o biriwira grün
-o chedwa spät
-o chenjera clever
-o chepa wenig
-o chipa billig
-o chitika chitika normal
-o chuluka reichlich
-o donza genau
-o dula teuer
-o dwala krank
-o dzadza voll
-o fanana ähnlich
-o fatsa ruhig
-o fewa weich
-o fiira rot
-o foira schlecht, gemein
-o fooka schwach
-o fulumiza dringend
-o funika notwendig, wichtig
-o gontha taub
-o gwa stark
-o ipa schlecht
-o kalamba alt (nicht jung)
-o koma schmackhaft
-o kongola schön
-o konzeka aufgeräumt
-o kumata depressiv
-o kwanira genug
-o kwatiwa verheiratet
-o lakwa falsch; schuldig
-o ledzera betrunken
-o lemera reich; schwer (Gewicht)
-o limba fest, hart, stabil
-o limbikira fleißig
-o mveka berühmt
-o nenepa dick
-o nyasa hässlich
-o nyowa feucht
-o nyowa nass
-o ola faul (Obst)
-o ona echt
-o onda dünn
-o onongeka kaputt
-o opa gefährlich
-o pepera dumm
-o pusa albern
-o pya reif, durch (kochen)
-o sakwatira ledig
-o sanena unbeschreiblich
-o sangalala fröhlich
-o sangalatsa interessant; lustig
-o sauka arm
-o siyana anders
-o sungidwa sicher
-o takata breit
-o talika hoch
-o tanganidwa beschäftigt
-o tentha heiß, warm
-o uma trocken
-o vuta kompliziert; schwierig
-o wawa bitter
-o wawasa sauer
-o yera hell; sauber
-o zama tief
-o zizira kalt, kühl
ofesi (5) Behörde; Büro
-okha nur
-ola vergammeln
-ona sehen; wahr
-onda abnehmen; dünn
-oneka aussehen; da sein, erscheinen
-onetsa zeigen
-onjeza hinzukommen, hinzufügen
-ononga beschädigen
-opa Angst haben, fürchten, sich (vor)
osakhota geradeaus
osati nicht

P, Q, R

pafupi nah
pakati pa- zwischen
palibe kanthu nichts
paliponse überall
pambuye hinten
pambuye pa- hinter
pambuye pake danach (zeitl.); dahinter (örtl.)
pamene als (zeitl.); wenn (als)
pamwamba oben
pamwamba pa- über (örtl.)
pang'ono bisschen, etwas, wenig
pang'ono pang'ono langsam
-panga machen
-panga chidwi interessieren, sich (für)
-panga rent mieten

-panga reserveshon buchen, reservieren
-pangana feilschen
pansi unten
pansi pa- unter
paseri hinten
passport (4) (engl.) Pass, Ausweis
-patsa geben
-patsa moni grüßen
-patsa nzeru Rat geben
patsogolo vorne
patsogolo pa- vor
-pempha bitten
-pemphera beten
pen (5) Bleistift
-penga verrückt werden
pepala (5) Papier
-pepera dumm, albern
-pepesa entschuldigen, sich
-pepuka leicht (Gewicht)
-pereka überbringen
-pereka nkhani benachrichtigen
-perekeza begleiten
-pesa kämmen
petulo stesheni (5) Tankstelle
petulo (5) Benzin
-peza finden
-pha töten
-phada nackt sein
phazi (4) Fuß
-phika kochen
phiri (4) Berg
phokoso (5) Lärm
-phunzira lernen
-phunzitsa unterrichten (lehren)
-phwanya zerbrechen
-phyera brennen
-pita gehen
-pitiriza fortsetzen
po- während
-pola heilen
pompano jetzt
pompano pompano sofort
-ponda treten
-ponya werfen
popanda ohne
posachedwa bald
post ofesi (4) Post(amt)
postcard (4) (engl.) Postkarte
poto (4) Topf
-puma atmen; ausruhen
-pweteka, -wawa schmerzen, weh tun
reserveshen (5) Bestellung
rumu (4) Zimmer

S

-safulumira langsam, ruhig
-saina unterschreiben
-saka jagen
-samala sich kümmern um (jmd)
-samba baden; waschen, sich
-sambira schwimmen
-samuka umziehen
-sana- bevor
-sanduliza dolmetschen
-sangalala freuen, sich, vergnügen, sich
-sangalatsa lustig sein
-sangalatsa lustig
-sankha wählen (aus-)
-sanza kotzen
-sauka arm
-seka lachen (über etw.)
-sema schnitzen
-senza tragen (auf d. Kopf)
-sesa fegen
-sewera spielen
sewero (4) Theaterstück
shawa (4) Dusche
shuga (4) Zucker
si- nicht
simadziwika unbekannt
sing'anga (1) Medizinmann
singano (5) Nadel
-sinja (chimanga) stampfen (Mais)
-sintha ändern (sich); wechseln
-sinthitsa umtauschen
sitampu (4) Briefmarke
sitoro yamankhwala (5) Apotheke
sitoro (5) Geschäft (Laden)
-siya verlassen
-siyana trennen, sich; unterscheiden, sich
-siyanasiyana unterschiedlich
snap (4) Fotografie
soap (4)(engl.) Seife

-sochera verirren, sich
-sokoneza stören
-sonkha moto Feuer machen
south (engl.) Süden
-sowa fehlen; vermissen; Mangel haben an
spoon (engl.) Löffel
stesheni (5) Bahnhof; Haltestelle
sukulu (5) Schule
-sunga aufheben (aufbewahren); halten (festhalten)
-sungira heben
-sungira (ndalama) sparen (Geld)
-suta fodya rauchen

T

-ta- nach (Zeit)
-tafuna kauen
-tali lang (Entfernung)
-tamanda preisen
taulo (4) Handtuch
tauni (4) Stadt
taxi (4) Taxi
-taya (zinthu) verlieren (Dinge)
-taya wegwerfen
tayala (4) Reifen
-temera impfen
-tenga nehmen
-tenga chithunzi fotografieren
-tenga nthawi dauern
tent (engl.) Zelt
-tentha erhitzen, heiß sein
-teteza beschützen
thabwa (4) Holz
-tha können, beenden
-thamanga laufen, rennen
-thamangitsa verjagen
-thandiza helfen
thanzi (4) Gesundheit
-thawa wegrennen, weglaufen, fliehen
-theka möglich sein
theka (4) Hälfte
-thira gießen
-thokoza danken
thonje (4) Faden
thupi (4) Körper
tii (5) Tee
tiketi landege (4) Flugticket
tiketi (4) Fahrkarte
tissue (engl.) Toilettenpapier
tivi (4) Fernsehgerät
toilet (4) Toilette
-tola aufheben (vom Boden)
-tola einsammeln
-tomera sich verloben
tooth paste (engl.) Zahnpasta
-topa müde sein
-topa ndi ... genervt sein von ...
toto nein (ich will nicht)
train (engl.) Zug
-tsala bleiben, übrig bleiben
tsamba (4) Blatt
-tsata folgen
-tsegula öffnen
-tsegula m'mimba Durchfall haben
-tseka schließen
-tsika aussteigen
tsiku lililonse täglich
tsiku lobadwa (4) Geburtstag
tsiku (4) Datum, Tag
-tsitsa verringern
-tsogola vorangehen
tsoka (4) Pech
-tsokomola husten
tsopano jetzt; neu
-tsuka sauber machen
-tukwana fluchen, beschimpfen
-tumiza schicken, senden
-tupa anschwillen

U

ubve (6) Dreck
uchi (6) Honig
uchisi (6) Sturheit
udzu (6) Gras
-udzu gratis
ufa (6) Maismehl
ufiti (6) Hexerei
ufulu (6) Gastfreundschaft
ujeni dingsda
ukhondo (6) Hygiene
ukwati (6) Hochzeit
ulemu (6) Respekt
-ulemu respektvoll

ulendo (6) Reise
-ulere gratis
ulimi (6) Landwirtschaft
-uluka fliegen
ululu (6) Gift
umboni (6) Beweis
umbrella (engl.) Regenschirm
umphawi (6) Armut
usiku (6) Nacht
usipa (6) kleine Fischart
utaka (6) ganz kleine Fischart
utawaleza (6) Regenbogen
uthenga (6) Nachricht
utsi (6) Rauch
-uve dreckig
uyo jener
-uza erzählen

V, W

-vala anziehen, sich
-vina tanzen
-vomera zustimmen
-vula ausziehen
-vuta problematisch sein
vuto (4) Problem
waidesi (5) Radiogerät
wakuda (1) Schwarzer
wakugeremani (1) Deutsche(r)
-wala scheinen (Sonne)
wamunzinda (1) Bürger, Staatsbürger, Einwohner
wantchito (1) Angestellte(r), Arbeiter(in)
-wawa weh tun, schmerzen
-werenga lesen; lernen; rechnen, zählen
-weruka Feierabend machen
-weruza anleiten
-weruzana vorschlagen
west (engl.) Westen
window (engl.) Fenster
womaliza (6) Ende
wophunziro (1) Schüler(in)
wophunziro (1) Student

Y

ya ndani wessen
-yaka brennen (Lampe)
-yamba anfangen, beginnen
-yang'ana besichtigen, ansehen
-yanjana versöhnen, sich
-yankha antworten
yankho (5) Antwort
-yasama gähnen
-yenda wandern
-yenda pansi zu Fuß gehen
-yenda ulendo reisen
-yendayenda wandern spazieren gehen
-yendera besuchen
-yendetsa fahren (Auto, etc.)
-yenera müssen
-yera weiß, hell, sauber
-yeretsa sauber machen
-yesa versuchen
-yesayesa üben
-yimba singen
-yo (am Fürwort) selbst
yunivasiti (5) Universität
-yusa benutzen

Z

zambiri viel
-zi- (Verbvorsilbe) sollen
zikomo danke
-zimitsa löschen
-zindikira erkennen
zingati wie viele (Dinge)
zipatso (3) Obst
-zizira kühl, kalt
zobvala zosambira (3) Badeanzug, Badehose
zobvala (3) Kleidung
zochitika (3) Ereignis
-zolowera gewöhnen, sich (an)
zoona (3) Wahrheit
-zuna, -tsekemera süß
-zungulira umhergehen

Kauderwelsch Sprechführer

weitere Bände für Afrika:

Amharisch
ISBN 978-3-89416-304-4

Fongbe für Benin
ISBN 978-3-89416-369-3

Hausa
ISBN 978-3-89416-271-9

Kinyarwanda
ISBN 978-3-89416-336-5

Kisuaheli
ISBN 978-3-89416-074-6

Lingala f. Kongo
ISBN 978-3-89416-260-3

Madagassisch
ISBN 978-3-89416-016-6

Mandinka f. Gambia
ISBN 978-3-89416-286-3

Mooré f. Burkina F.
ISBN 978-3-89416-364-8

Tamaschek (Tuareg)
ISBN 978-3-89416-345-7

Twi für Ghana
ISBN 978-3-89416-346-4

Xhosa
ISBN 978-3-89416-777-6

Reise Know-How Verlag, Bielefeld

Die Autorin

Susanne Jordan, geboren 1977 in Lübeck, wuchs in Weilheim i. Obb. auf. Während ihres Studiums verbrachte sie 9 Monate in Japan und studierte 2001/2002 ein Jahr am Chancellor College der University of Malawi in Zomba Geographie. Dort lernte sie das Land Malawi kennen und schätzen und eignete sich die Sprache Chichewa an. 2006 schloss sie ihr Studium der Geographie ab.

Während ihres Aufenthaltes erfuhr sie, wie immens wichtig es ist, die Landessprache zumindest zu verstehen, wenn man ein Land kennenlernen und nicht nur „mit Englisch durchkommen" will. Mit Verbesserung ihrer Chichewa-Kenntnisse im Laufe des Jahres veränderte und differenzierte sich ihr Bild von Malawi stark.

Da es ihr aufgrund fehlender Literatur vor ihrem Aufbruch nach Malawi nicht gelungen war, mehr als nur ein paar Wörter Chichewa zu lernen, beschloss sie nach ihrer Rückkehr, einen Kauderwelsch für Chichewa zu verfassen, damit lernwillige Malawi- und Sambiareisende eine einfache Möglichkeit haben, sich auf ihre Reise angemessen vorzubereiten.